中国共产党诞生地
出版工程

龙华英烈画传系列丛书

欧阳立安画传

中共上海市委党史研究室　龙华烈士纪念馆　编

王砾　著

上海人民出版社

出版说明

　　"一个有希望的民族不能没有英雄，一个有前途的国家不能没有先锋。"习近平总书记强调，我们缅怀革命先烈，为的是继承他们的遗志，发扬他们的精神，不忘初心，牢记使命，在他们用生命和鲜血开辟的道路上不懈奋斗、永远奋斗。为弘扬伟大建党精神、用好英烈红色资源、优化英模人物宣传学习机制，推动全社会崇尚英雄、缅怀先烈、争做先锋，从中汲取奋进中国式现代化的强大精神力量，由中共上海市委宣传部组织，中共上海市委党史研究室、龙华烈士纪念馆编写"龙华英烈画传系列丛书"，致敬为真理上下求索、为信仰奋斗牺牲的革命先驱们。

　　上海市龙华烈士陵园（龙华烈士纪念馆）是党的创建和大革命时期、土地革命战争时期著名英烈人物最为集中的纪念地，是记录中华民族近现代英雄史诗的丰碑，也是上海建设社会主义现代化国际大都市的红色文化根脉。在新中国成立前，中国共产党产生了 171 位中央委员，其中有 42 人牺牲，在龙华牺牲了 7 位，占六分之一；首届中共中央监察委委员 10 人中有 8 人牺牲，在龙华牺牲了 4 位，占二分之一；其他曾在龙华被关押过的革命者更是数以千计。2021年7月,为庆祝中国共产党成立100周年,"龙华英烈画传系列丛书"推出第一辑共11册,讲述了罗亦农、杨殷、彭湃、陈延年、赵世炎、陈乔年、林育南、杨匏安、张佐臣、许白昊、杨培生11位龙华英烈的事迹。2023年10月,推出丛书第二辑5册,讲述了李求实、柔石、胡也频、冯铿、殷夫"左联五烈士"的事迹。2024年,又推出丛书第三辑6册,讲述"龙华二十四烈士"中何孟雄、龙大道、欧阳立安、罗石冰、恽雨棠、李文、彭砚耕、刘争、汤仕佺、汤仕伦、伍仲文、蔡博真、贺治平、费达夫、段楠、王青士、李云卿等17位烈士的事迹。丛书按照烈士生平脉络,选取若干重要历史事件,配以反映历史背景、切合主题内容、延伸相关阅读的丰富历史图片,以图文并茂的方式叙写龙华英烈们在风雨如晦中坚持真理、坚守理想,在筚路蓝缕中践行初心、担当使命,在艰难寻路中不怕牺牲、英勇斗争,在生死考验中对党忠诚、不负人民的崇高精神,彰显了早期中国共产党人把人生价值和理想追求深深植根于谋求民族复兴、人民幸福之中,为革命披肝沥胆、甘洒热血的牺牲与奉献。

丛书所收录的图片和史料多源自各兄弟省市党史研究室、纪念场馆,以及中共上海市委党史研究室、龙华烈士纪念馆等的公开出版物及展陈,或源自英烈后代、专家学者的珍藏。基本采用历史事件发生时期的老照片，但由于年代久远且条件有限，部分无法直接利用的老照片，或进行必要修复，或通过对现存史料进行考证后重新拍摄。

丛书反映内容跨度长、涉及面广、信息量大且年代久远，编写人员虽竭尽全力，但不足和疏漏之处在所难免，敬请广大读者批评指正。

目 录

在清贫苦寒中度过童年

OUYANG LI'AN

生逢乱世

欧阳立安，曾化名杨立安、杨国华，1913 年 3 月 29 日生于湖南长沙 ①。父亲欧阳梅生（1895—1928），又名欧阳靖，曾化名杨福生，生于湖南湘潭锦石乡阳家湾一个贫民家庭，自幼父母双

欧阳立安

---

① 关于欧阳立安的出生时间，据《英雄最年少——欧阳立安》的作者钟铁球考证，按照陶承的讲述，应为 1913 年 3 月，因为次子欧阳应坚的出生时间为 1914 年 10 月是比较确信的，故以此为参照，在此处采用钟铁球考证的时间。

亡，由祖母抚养长大。母亲陶承（1894—1986），生于湖南靖港，原名刘桃英，2 岁时失去双亲，被当外科郎中的舅舅寄养在邻居陶三娭毑 ① 家，认其为干娘，由干娘抚养长大 ②。

欧阳梅生和陶承夫妇共育有 6 个子女：长子欧阳立安；次子欧阳应坚，很早就和哥哥一起参加革命工作，新中国成立后长期在冶金战线工作；三女欧阳本纹，新中国成立后长期生活在武汉；五子欧阳稚鹤，15 岁时被八路军驻武汉办事处送到延安抗日军政大学学习，毕业后进入八路军 359 旅政治部，任青年股股长，1940 年 359 旅奉命从敌后返回陕甘宁边区保卫党中央，通过同蒲铁路封锁线时遭遇敌军伏击，壮烈牺牲；四女欧阳本双和小女儿欧阳双林因病早夭。

1911 年 3 月 16 日，是陶承 17 岁的生日，这一天干娘把她叫到身边，给她穿上一件半新半旧的衣衫，一边帮她梳理头发，一边告诉她要"出门"了。

干娘是她特别依赖的亲人，一切都由干娘做主，平时很少见

---

① 读音：āi jiě，湖南方言，对老年妇女的尊称。

② 陶承的干娘虽然姓陶，但陶承是寄养而非过继，所以一直没有改名，按照陶承的讲述，改名陶承是在上海从事地下工作的需要，当时考虑：一是（刘）桃英继承丈夫的遗愿，但百家姓中没有"桃"姓而取谐音"陶"，二是有怀念干娘之意，她自认的全名为"欧阳陶承"，陶承是作为名而不是姓名。

陶承生平事迹陈列室（陶承故居）

1931年，欧阳立安牺牲后陶承全家合影（左起：欧阳稚鹤、欧阳本纹、陶承、欧阳应坚）

欧阳稚鹤在延安

到的舅舅把她背上了花轿，就这样稀里糊涂地被人用轿子抬到长沙市三兴街一户人家。新郎就是欧阳梅生，比新娘还小一岁，自幼体弱多病，婚前已经病了好几个月起不来床，在祖母的主持下结婚"冲喜"，勉强结束婚礼仪式后是被人搀走的。婚后，欧阳梅生的病竟奇迹般地好了起来。

虽然婚前素未谋面，但小两口都是孤儿，且女大男小，欧阳梅生体贴入微，陶承温柔善良，婚后生活倒也十分和睦，亲昵有加。陶承过门不久就开始操持家务了，欧阳梅生的祖母治家很

靖港古镇旧貌

欧阳梅生

严，常为一点小事唠叨不休，陶承有些怕她，欧阳梅生背地里总安慰她："祖母岁数大了，说你几句，不要见怪！你做你的，用不着怕。"可是他自己在祖母跟前也不敢高声说话。夫妻俩年纪还小，贪玩、不懂事，祖母拘管得紧，每天要他们晨昏定省，问安三次，欧阳梅生下学回来得先去请安，要是先进自己的卧室，她就生气，一生气就不正眼看人。晚上祖母就坐在角落里，捻着一串佛珠，闭上眼睛不声不响，像是参禅的样子，夫妻俩也只好陪她打坐，一动不动。祖母虽然严厉，对他们还是很疼爱的，高兴的时候也把收藏的菱角、莲蓬、花生拿给他们吃。

夫妻俩新婚不久，1911 年春夏间，湘北各地迭降大雨，近

欧阳梅生的祖母

湖各地，上自辰州，下至岳州，皆罹巨灾。长沙"因连日大雨，（水势）骤涨至一丈有余……洪水弥天，几成一大水世界，湘江中漂流尸具，不下数千人……"①城内水深数尺，垸内禾苗、杂粮、棉花都淹了，电线也冲断了，湘江上漂着草屋、猪狗、死尸，老百姓家里都进了水，要柴无柴、要米无米。欧阳梅生一家也遭遇了险情，多亏陶承的干娘驾着小船把一家人救出险地。

　　1911 年 10 月 10 日，辛亥革命爆发。10 月 12 日，湖北革命

---

① 　湖南省志编纂委员会编：《湖南省志　第一卷　湖南近百年大事记述》（修订本），湖南人民出版社 1962 年版，第 272 页。

民国初年的长沙城

军代表胡瑬槐兼程来到长沙，向湖南革命党人正式报道了湖北首义的消息，并要求湖南立即举义响应，支援湖北。① 同日，革命党人焦达峰与陈作新领导湖南新军49标和50标，举行武装起义，占领了巡抚衙门，巡抚余诚格化装潜逃，巡防营统领黄忠浩被活捉。起义军占领抚署后，即将抚署改为"中华民国湖南军政府"（次日复改为"中华民国军政府湖南都督府"），焦达峰为都督、陈作新为副都督。②

---

① 湖南省志编纂委员会编：《湖南省志 第一卷 湖南近百年大事记述》（修订本），湖南人民出版社1962年版，第289页。
② 湖南省志编纂委员会编：《湖南省志 第一卷 湖南近百年大事记述》（修订本），湖南人民出版社1962年版，第297页。

焦达峰（1887—1911）　　　　　　　陈作新（1870—1911）

焦达峰墓（位于湖南长沙岳麓山）

立宪派阴谋发动武装政变，攫取革命胜利的果实。10 月 31 日，原 50 标 2 营管带梅馨与立宪派相勾结，指使部下制造和丰火柴公司纸币挤兑风潮，由立宪派官绅"跪请都督亲往弹压"[①]。焦达峰派副都督陈作新前往调解，毫无防备的陈作新竟不带军队，"单骑行视"，刚至北门的铁佛寺，就被梅馨的伏兵乱刀砍死。紧接着，梅馨又指挥所部冲进都督府，将焦达峰执杀于都督府门外。湖南立宪派领袖谭延闿在半推半就中，当上了湖南都督。

辛亥革命失败后，全国进入北洋军阀统治时期；同时，各地方军阀蜂起，长期进行争夺和混战。湖南地处军事要冲，北洋军阀以湖南为攻占两广的据点，南方军阀以湖南为北进的阵地，南征北战，湖南成了长期拉锯的战场。南北各派军阀在湖南更迭统治，使全省人民处于水深火热之中。[②]

1913 年春，大儿子出生了，太奶奶取名叫立安。小家伙好哭，一哭母亲就给奶吃，要不就是父亲抱着满屋子转，小夫妻俩还没有脱尽稚气，却过早地做起父母来了。最辛苦的还是祖母，

① 《湖南都督焦达峰》，载冯自由：《革命逸史》第 2 集，中华书局 1981 年版。
② 中共湖南省委党史委编：《湖南人民革命史》(新民主主义革命时期)，湖南出版社 1991 年版，第 10、11 页。

她晚上顾不得再捻佛珠了，浆浆洗洗都落在她头上，然而还没等到重孙子叫她一声"太婆"就一病不起，弥留之际她还不住地摸着欧阳立安的小腿，这大概是她唯一的依恋吧。祖母去世后，家里的境况变坏了。为了安葬祖母，夫妻俩虽然变卖了家里的一小块土地和池塘，还是背了一身债。

1913 年秋，18 岁的欧阳梅生考入湖南公立第一师范学校，与蔡和森、张昆弟同班①。毛泽东在同年春即以作文满分的成绩考入湖南省立第四师范学校。1914 年春，湖南公立第一师范学校与湖南省立第四师范学校合并组建湖南省立第一师范学校，欧阳梅生又与毛泽东相识，相同的志趣爱好使他们成为好友。

1918 年，欧阳梅生从湖南省立第一师范学校毕业后，选择从事教育工作。陶承带着欧阳立安住在城里，靠做针线手工维持生计。好在她 13 岁时，在湖南有名的杨世焯（杨季棠）湘绣馆学过两年湘绣，算是学了门手艺，在家里绣不了大件，就给人绣些花边、领口、袖口、帐沿。做活的时候，就把立安放在床上，给他一本破旧的《芥子园画谱》②，他能翻来覆去地看半天，不吵不

---

① 蒋祖煊主编、钟铁球编著：《英勇最年少——欧阳立安》，湖南人民出版社 2019 年版，第 2 页。
② 又称《芥子园画传》，是诞生于清代的中国画技法图谱，分山水卷、梅兰竹菊卷、翎毛花卉卷。

湖南省立第一师范学校原貌

湖南省立第一师范学校今貌

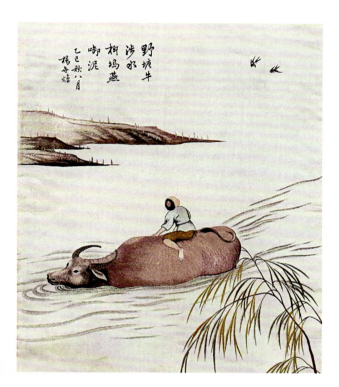

野塘牛涉水
柳坞避喇泥
乙巳秋八月
杨世焯

杨世焯湘绣画稿

闹，看累了就用画本蒙着脑袋睡觉。一连数年，欧阳立安的弟弟妹妹们也陆续出生，夫妻俩的生活压力也大了起来，做手工工钱低，一幅帐沿才两吊钱，到手就光，得亏陶承的干娘每进一回城就给些接济，不然一家人就要挨饿了。

1920年，为了多赚些工钱贴补家用，欧阳梅生经朋友介绍，来到湖南湘阴（今汨罗）的龙家大屋龙氏宗堂教书，这里距离长沙 30 多公里，好在这家主人比较开明，破例允许他带家眷，并安排了一个小院给他，全家也都跟着搬了过去。夫妻俩非常重视孩子的教育，7 岁的欧阳立安也开始随着父亲上学读书。乡下的生活相比城里要简省得多，野蔬充膳，落叶添薪，都不用花钱，在照顾好几个孩子之余，夫妻俩养了几只鸡、喂了几只鸭，下了蛋还能换些油盐，生活虽然算不上富裕，但总算宽裕了一些。

天真烂漫

龙家大屋地处乡间，依山傍水，风景秀丽，林木茂盛，野果满山，花草遍野，虫鸟随处可见。欧阳立安生性活泼，也比较淘气，时年 7 岁在家里却是老大，一到龙家大屋，他就第一个跑到山上去了，母亲叫都叫不回，漫山遍野跑了个够，回来时气喘吁吁地从口袋里掏出一大堆野果。弟弟妹妹们也跟着入了迷，早晨爬起来就跟着哥哥漫山遍野地跑，回到家时，每个孩子的口袋里都装得鼓鼓囊囊，野花、野果、石头、甲虫，什么都有。本来母亲还有些担心，孩子们在外面玩不安全，但哪里拦得住他们，只能交代欧阳立安照顾好弟弟妹妹们。

龙家大屋前面有个锅底塘①，塘边生长着茂密的芦苇，水塘里的青蛙很多，原本欧阳立安一个人在水塘里抓青蛙，想给爸爸补身子，后来弟弟妹妹们也跟着下了水，好在水塘里的水不深，水位还不及小孩的膝盖高，母亲也就由着他们了。除了青蛙，还有蜻蜓。这蜻蜓不好抓，但是欧阳立安学到一个办法：将两根手指伸出成钳状，捏住蜻蜓的尾巴，再用线拴上，这样蜻蜓还可以飞腾。玩了一天，孩子们一手拉着蜻蜓，一手捂着口袋里的青蛙，回到家就向母亲"献宝"："晚饭有好吃的了！"

　　晚上父亲回到家，看到饭桌上有香喷喷的青蛙肉，高兴了好一阵子，不过吃完饭后，父亲对孩子们讲："以后尽量少抓青蛙，因为青蛙是吃害虫的，它为庄稼生长工作。"欧阳立安问："那好吧，蜻蜓可以抓吧？"父亲说："蜻蜓也是益虫，不过它在芦苇茂盛的地方比较多，易生长，所以抓几只无妨。"孩子们很乖巧听话，从此不抓青蛙了，只抓蜻蜓。

　　一天傍晚，下过大雨，欧阳立安带着弟弟妹妹们又去抓蜻蜓，结果二弟欧阳应坚一不小心掉进了水塘，听到妹妹欧阳本纹的惊叫声，母亲甩下针线就往外跑，那水塘有的地方水比较深，欧阳应坚连连喝了好几口水，好在有乡亲路过水塘边，才将他救

---

①　锅底塘：底部比较尖，状如"锅底"的水塘。

了上来。欧阳应坚浑身是水，鞋子也丢了，一见到母亲就咧着嘴哭，母亲生气了，打了他两巴掌，欧阳立安看弟弟哭得伤心，便拉住母亲的衣襟恳求："妈妈，莫打弟弟，是我叫他去的。"母亲更气了，转过身子又给了他两巴掌。父亲也赶了过来，他的脾气一向很好，劝道："救起来了就行了。"

把孩子们领回家，母亲的气还没消，顺手把他们拾回来的东西都扔到院子里，父亲看着妻子生气的样子，笑道："真是昏官断案，有理无理，一律四十大板！"孩子们该玩还是玩，特别是刚才落到水里的欧阳应坚，转头又在院子的水坑边赶小鸭子。

生活祥和安定，但欧阳梅生似乎志不在此，他总对妻子说："一个人还有社会责任，不应该一生陷在家庭的圈子里，我总得出去做点儿有利于社会的事。"机会很快就来了。

1921 年，湘西巡防军统领陈渠珍主政湘西，治理保靖、大庸、凤凰、永顺、龙山、桑植、乾城、永绥、古丈和麻阳十县，以"建设三民主义的新湘西"为目标，制定了《湘西永、保、龙、桑、凤、乾、绥、古、庸、麻十县联合乡自治全案》。

在保境息民的同时，陈渠珍提出："别人拥有军队，用来争权夺利；鄙人拥有军队，却想用来为民办事。现在有了这样一支强大的军队，以之发展实业，何愁实业不兴？以之兴办教育，何

民国"湘西王"陈渠珍(1882—1952)

求教育不振?"① 对湘西十县的教育进行大力改造。经人推荐,陈渠珍于 1922 年礼聘长沙小学教育专家李云杭前往保靖主讲单级教授法,两人初见,纵谈教育,十分投契,有感于陈渠珍不同于一般军阀的自律和改造湘西教育的热情决心,两年间,李云杭在陈渠珍的大力支持下,尽心竭力助其擘画。湘西教育渐见起色,陈渠珍遂委托李云杭在长沙聘请中小学教师 14 人,女教师 5 人,并派参谋戴鸿懋、庶务曾绊林赴省欢迎。为优聘师资,陈渠珍在湘西教师薪水菲薄的情况下,给予长沙教师优厚的待遇:中学教员月薪能达到百元,小学教员也有 40 元,且从不拖欠。较之

① 鲁岚编著:《陈渠珍》,湖南人民出版社 1989 年版,第 90 页。

湘春街今貌

湖南当时教育经费奇缺，长沙小学教员月薪仅 10 元，且屡陷拖欠之窘境。①欧阳梅生就借这个机会，经朋友的介绍推荐，前往应聘。

1923 年，欧阳梅生和几个朋友结伴，前往湘西保靖十县联合模范小学，一时不能携带眷属，10 岁的欧阳立安便随母亲回到长沙，进入湘春街城区第十二小学继续读书，同时还帮助母亲照看

① 张洪萍：《陈渠珍与湘西教育》，《怀化学院学报》2019 年第 4 期。

弟弟妹妹们。

萌芽初露

欧阳立安的革命启蒙教育是在家庭完成的，作为家中长子，他受到父亲欧阳梅生革命思想的影响最早也最深。

父亲欧阳梅生早年在湖南省立第一师范学校求学时，就与同班同学蔡和森、张昆弟等交往甚密，并结识了毛泽东，在他们的影响下，欧阳梅生开始关心国家的前途和命运，对旧中国的黑暗现状十分不满。在校时，欧阳梅生尤其敬重校长孔昭绶先生，受其影响较深。

孔昭绶毕业于日本法政大学，获法学学士回国。1913年，任湖南省立第一师范学校校长。"二次革命"时，他发表《讨袁檄文》，历数其罪恶。"二次革命"失败后，湖南都督汤芗铭派兵包围学校，捉拿孔昭绶。孔昭绶在办公室顺手系上工作围裙，两手抹上油墨，低头油印，躲过围捕，后化装离校东渡日本。1916年夏回国后，值刘人熙主湘，他再任省立第一师范学校校长，延聘学有专长、思想进步的徐特立、杨昌济等人为教员，被誉为"民主教育的先驱"。

鉴于袁世凯与日本签订"二十一条"不平等条约，他深感应明耻教战以励国人，故提出"知耻"作为校训，并发表长篇演

孔昭绶（1876—1929）

说。后西南军阀张敬尧督湘，摧残教育。1918 年他托病辞职，作《城南留别》送予学校师生：

买丝何必绣平原，人影昔阳秋有痕。

占断城南好风景，半庭桃李愿无言。

欧阳梅生作一首七律奉和：

干戈遍野有鸿哀，浩劫沉沉挽不回。

太息苍生谁是雨？剧怜故我强持杯。

鲁连好洁登高去，隐令怀情袖菊来。

江汉楚氛悲恶甚，未堪回首赫曦台。①

虽然从省立第一师范毕业后欧阳梅生选择了教育事业，但他时刻没有忘记理想和责任。1924年，欧阳梅生买了一支毛笔，在试笔的时候，发现笔杆上刻有"太平笔庄制"几个字，他愤然地说："如今伸出手看不见五指，一片漆黑。有钱的打打杀杀，好像疯狗抢骨。中国这么大，没有半块地方是安静的，这叫做什么'太平'！"说罢就用刀将笔上"太平"两字刮掉，并且作了一首试笔诗：

中国一团黑，

悲嚎不忍闻。

愿为刀下鬼，

换取真太平！②

1925年，陈渠珍部与途经湘西的川军熊克武部发生冲突，兵败后退出保靖，保靖的学校全部停办，陈渠珍在湘西的教育改造流于失败③。湘西保靖十县联合模范小学也被查封，欧阳梅生在归

① 萧三主编：《革命烈士诗抄》，中国青年出版社 2015 年版，第 263 页。
② 萧三主编：《革命烈士诗抄》，中国青年出版社 2015 年版，第 13 页。
③ 张洪萍：《陈渠珍与湘西教育》，《怀化学院学报》2019 年第 4 期。

中國—團黑，悲嚎不忍聞。
頻為刀下鬼，摸取真太平。
——欧阳梅生烈士遗物短试笔诗

欧阳梅生的毛笔

家途中还遇到了土匪，身上的东西被抢了个精光，回到家时脚上只剩下一只鞋，狼狈的样子将妻子和几个孩子吓得不轻。不过他却满不在乎，抱起孩子们一个个亲了起来，胡子茬儿扎得孩子们哇哇直叫。看着三年未见的丈夫这副模样，妻子心痛不已，但是欧阳梅生却对妻子说："我把心都交给了革命，世界要大变！"

欧阳立安从父亲仅剩的一个破口袋中，翻出了一本薄薄的"小书"，封面上印着一个长着大胡子的外国人。父亲看到，立马抢了过来，将书藏在墙根下的一只竹篮子下面，并告诫欧阳立安："记住，这个有大胡子伯伯的书不能让外人看到，也不能对外人说，更不能让弟弟妹妹不小心拿出去，听明白了吗？"看着父亲严肃的神情，欧阳立安知道此书非同一般，便很认真地点点头。直到后来参加革命，欧阳立安终于知道，这本有"大胡子伯伯"头像的书叫《共产党宣言》，"大胡子伯伯"名叫马克思，是这本书的作者之一。

欧阳梅生归来后，进入长沙修业小学任教，同时以国文教员的身份为掩护开始从事革命宣传活动。1926年初，欧阳梅生加入中国共产党。

长沙修业学校创办于1903年，取"修德敬业"之意，创办伊始就与民主革命结缘，革命志士、各界精英层出不穷。1903年，辛亥革命先驱黄兴在学校担任教员时，秘密组织华兴会从事革命活动。1909年，校长彭国钧出于对爱国志士徐特立的保护，用其血书"请开国会，断指送行"声援湖南请愿学生，激发爱国青年反帝斗志。[①]1919年4月，毛泽东在同学周世钊的介绍下，进入修业学校任历史教员，同年7月14日，由毛泽东担任主编的湖南学生联合会会刊《湘江评论》创刊，毛泽东在修业学校的校舍中，为创刊号撰写创刊宣言和各种社论文章，在宣言中毛泽东指出："世界什么问题最大？吃饭问题最大。什么力量最强？民众联合的力量最强。"8月，《湘江评论》第5期刚刚印完，就被湖南军阀张敬尧查封，学联也被解散，以毛泽东为首的一批进步青年发起了轰轰烈烈的"驱张运动"。

---

① 李群英：《承百载荣光 立报国宏志——百年修业学校的红色传承与时代担当》，《语言文字报》2020年8月28日。

长沙修业学校今貌

位于长沙修业学校内的《湘江评论》纪念雕塑

1925 年，欧阳立安升入长沙修业学校高小，他学习用功，国语成绩尤好，经常受到老师的称赞。他喜欢从父亲的书箱中寻找记述历史英雄人物的书籍，如饥似渴地阅读，不懂就向父亲请教，然后绘声绘色地讲给同学们听。他积极参演文明戏，宣传革命党人黄兴、蔡锷的爱国思想，惟妙惟肖的表演深受师生喜爱。

他在学校与一位姓陶的同学很要好，这位同学的父亲是个木匠，虽然家境贫苦但他读书却很用功。在学校举行的作文比赛中，他和欧阳立安双双获得了优胜，学校奖励给他俩每人一方新砚台。班上有个富家子弟，平时为人霸道，专门欺负老实人，见他俩得奖，故意将陶同学的砚台摔在地上，说："穷小子哪能配用新砚台？"陶同学为人老实，受人欺负也不敢抗争，只是心痛得眼泪直流。欧阳立安一见顿时火冒三丈，他一把夺过那个富家子弟的砚台，高高举起来，气愤地说："别不讲道理！你不赔砚台，我就砸你的。"这方砚台可是富家子弟家里的祖传端砚，富家子弟见状，只好赶紧答应赔给陶同学一方新砚台。第二天，欧阳立安偷偷往富家子弟课桌抽屉里藏了一只癫蛤蟆，上课时富家子弟取书时，癫蛤蟆突然从抽屉里蹦了出来，吓得他哇哇大叫，逗得欧阳立安和同学们哈哈大笑。这事闹到了家长们那里，欧阳梅生很欣赏儿子这种不畏权势、打抱不平的精神，更进一步地开导他："帝国主义、封建势力和军阀才是我们的敌人，只有打倒这帮家伙，工人、农民才能扬眉吐气。"

不幸的是，欧阳立安这位姓陶的好朋友不久后身染重病，因无钱医治而去世。欧阳立安十分悲痛，写了一篇题为《檐边的麻雀》的文章，借小麻雀之口，讲述一个穷苦孩子的悲惨遭遇，表达了他对劳动人民的同情和对社会不平的义愤。世道不公，革命的种子已经在他心中悄然埋下。

二

在颠沛流离中顽强生长

OUYANG LI'AN

心向光明

1924 年至 1927 年，中国大地上爆发了轰轰烈烈的反对帝国主义、反对封建军阀的革命运动。这场革命运动席卷全国，规模之宏大，发动群众之广泛，影响之深远，在中国近代革命历史上是前所未有的。人们通常称它为"大革命"或"国民革命"[1]。

1925 年爆发的震惊中外的五卅运动，标志着大革命高潮的到来。在中国共产党的领导和推动下，五卅运动的狂飙迅速席卷全国，各阶层群众积极参加反帝爱国运动。6 月 1 日，五卅惨案消息传至长沙，湖南外交后援会、反帝大同盟等组织正在为纪念"六一惨案"[2] 两周年，并声援上海工人罢工在省教育会坪举行 10 万人群众大会。五卅惨案消息传来犹如火上浇油，群众反帝情绪更为激昂。6 月 2 日，为声援青岛、上海工人学生的反帝爱国斗争，全省工团联合会与省学联一起发动工人、学生等两万多人在省教育会坪举行游行示威大会，当即成立了"青沪惨案湖南雪耻

① 中共中央党史研究室：《中国共产党历史》第 1 卷（1921—1949），中共党史出版社 2011 年版，第 107 页。
② 1923 年湖南人民发起收回旅大、取消"二十一条"的反日爱国运动，6 月 1 日，日轮武陵丸载日货停泊在长沙大金码头，工人、学生上轮检查，与日本人发生冲突，停泊在码头对岸的日本兵舰"伏见号"水兵渡江登岸行凶，杀死检查员木工王绍元、小学生黄汉卿，重伤 20 余人，是为"六一惨案"。

五卅惨案的现场

会"①，湖南全省工团联合会总干事郭亮当选为主席，徐特立、缪伯英、毛泽覃、曾三等41人为执行委员。全省工团联合会决定自6月3日起全市实行罢工、罢课、罢市，开展对英、日经济绝交，要求收回大金码头，号召工人退出英、日工厂，学生退出英、日学校。②

江西安源是中国共产党早期开展工人运动的重点区域之一，毛泽东、刘少奇、李立三、陈潭秋、蔡和森、恽代英等都曾在这

---

① 青沪惨案是当时发生的一系列帝国主义针对中国工人的暴力事件，包括青岛的"五二九惨案"和上海的"五卅惨案"。
② 《湖南工人运动史》编写组编著：《湖南工人运动史》（民主主义革命时期），中国工人出版社1994年版，第181页。

安源路矿工人俱乐部筹备委员会成员合影

中国劳动组合书记部庆祝安源罢工胜利函

（一九二二年九月）

见"安源路矿工人俱乐部罢工胜利周年纪念册"第六部分"安源路矿工人俱乐部略史"中第九节"罢工胜利庆祝会"部分。

中国劳动组合书记部湖南分部
等团体致参众两院电*

▲赞成十几条劳动法案

北京晨报、工人周刊、上海时事新报、民国日报、汉口江声日报、长沙大公报、民治日报请转全国各报馆各工会各团体均鉴：敝部顷致北京国会一电文同，中华民国国会参众议员均鉴；世界经济之变迁日鉴，劳动阶级之觉悟日深，为谋创立劳农国家，足资世界各国模楷！我劳动者手无寸文明，本身未受其惠。中华民国临时约法，虽经明文规定人民无阶级之区分，而全国最大多数之劳动者，未受法律之保障，且常遭其摧抑，人世不平，孰□於此？今率□劳□动立法运动，声援全国，血气之伦，孰不庆幸！谨登为人民代表，须知共和国家，权在全民，合最大多数之劳动阶级而盲立法，即不啻抛弃全民！敝部等根据劳动者应（一）获得政治

* 原题为"劳动各团体致参众两院电"。——编者

14

《中国劳动组合书记部庆祝安源罢工胜利函》

里从事工人革命运动。从历史渊源上看，安源路矿工人革命运动在1921年秋就开始逐渐兴起，其具有全国意义的组织和斗争历时近十年。

五卅惨案发生后，安源路矿工人俱乐部在中共党员、俱乐部副主任黄静源等领导下，也进行了罢工示威游行，并成立了"青沪惨案雪耻会"。后在"湖南全省九七国耻纪念宣传大会"的统一领导下，又与安源理发工会、缝纫工会及安源市民举行了数千人的游行示威。① 安源工人掀起的反帝斗争，足令日本帝国主义分子惊恐不安。1925年8月，汉冶萍公司总经理盛恩颐②在日本帝国主义指使下，打着"携款清偿旧债，发清工人欠饷"的幌子，从上海到长沙、武汉等地大肆活动。

9月18日，是安源路矿工人大罢工胜利3周年纪念日。这天万余工人举行庆祝大会。盛恩颐则在召集矿局头头会议，策划破坏俱乐部的阴谋。他一方面答应发给工人1个月的欠饷，一方面请赣西镇守使李鸿程派兵，以武力解散工人俱乐部。反动军队一到安源，盛恩颐即开除工人俱乐部十代表、百代表等1000余人。工人俱乐部派代表20多人向盛要求恢复被开除工人的工作，盛反令矿警将工人代表押往赣西镇守使署关押。20日，安源工人全

---

① 冯晓蔚：《黄静源：安源工人运动的先驱》，《世纪风采》2018年第11期。
② 盛宣怀第四子。

体总罢工。21 日深夜，反动军队突然包围搜捕并封闭了工人俱乐部、工人学校、消费合作社等处，当场打死打伤工人 20 余名，捕去俱乐部副主任黄静源及俱乐部办事员、工人夜校教员、工人代表 30 余人。并将各工人餐宿处重重包围，架起机关枪，不许出入。反动军队又悬赏捉拿俱乐部主任陆沉，抢劫合作社财务 10 余万元。23 日，反动军队封闭了紫家冲、株洲两个分部，以武力押送 1200 多名被无理开除的工人出境，并宣布全矿停工，造成万余工人失业。这就是震惊全国的"安地事件"，亦即"九月惨案"。黄静源被捕后，在敌人的酷刑下坚贞不屈。10 月 16 日，以"传播赤化，扰乱治安"的罪名被惨杀于俱乐部门前。①

　　黄静源殉难后，中共湘区执行委员会②立即决定：在安源、醴陵、株洲、长沙、衡阳等地"举行广大的市民示威活动"。湘赣边界的各级党组织遵照中共湘区执行委员会指示，迅速组织群众以各种形式悼念黄静源烈士，向反动当局示威。

---

① 《湖南工人运动史》编写组编著：《湖南工人运动史》(民主主义革命时期)，中国工人出版社 1994 年版，第 192、193 页。

② 1921 年 11 月，中共中央局发出通告，要求上海、北京、广州、武汉、长沙五区在 1922 年 7 月之前都能发展党员 30 人，成立区执行委员会。1922 年 5 月，长沙、安源、衡阳建立了 3 个党支部，共有党员 30 多人，5 月底，中共湘区执行委员会正式成立，毛泽东任书记，何叔衡、易礼容、李立三为委员。

黄静源（1900—1925）

黄静源烈士殉难处

欧阳立安画传

10月17日晨，数百名安源工人趁敌不备，火速在行刑地鸣鞭焚纸，大呼"打倒军阀、打倒资本家"等口号后旋即散离。安源工人的行动，使路矿当局惊恐万状，当天下午下令临时用几块薄木板钉口棺材，雇3名清道夫将黄静源遗体抬去埋葬。萍矿运道处工人肖十二、邓长富等秘密联系30余名工人，暗随黄静源遗体至山野间，以3块大洋向清道夫赎出遗体，裹上大衣，由工人们轮换抱背，连夜走了80多公里，于18日晨赶到醴陵八里坳正式殡殓，当时围观的群众有千余人，个个悲痛万分。

10月19日，长沙各民众团体获悉黄静源烈士遗体已于18日运醴陵装殓，将于20日由醴陵运来长沙，便纷纷组织起来做好各种迎柩准备。长沙学生联合会代表郑兆一、向钧，"青沪惨案雪耻会"代表柳家汉，全省工团联合会代表张汉凡以及教育界代表曹子桓和女界联合会代表赵先生等组织迎柩团，携黄静源烈士遗属于19日晚抵达醴陵。黄静源烈士灵柩原定于20日下午5时抵达长沙车站，黄静源烈士的同乡亲属朋友，长沙各学校、工会、团体等共计2万余人，均已提前到站迎候。因沿途祭奠延时，直到晚上7时半车才抵站，车停稳后，由16人扛柩下车，两旁并推出4位代表拥护，灵柩在车站绕场一周，群众依次行礼致敬。晚上8时许，灵柩启程入城，群众持旗前行，暂停放于省教育会厅，定于10月26日在省教育会厅外坪再举行大规模的追

教育会坪故址（今长沙市开福区营盘路辅路与巡道街交叉口附近）

悼会。

　　各界民众隆重悼念黄静源烈士的消息，轰动了长沙城。湖南军阀赵恒惕害怕引起政局动乱，急忙下令干涉。

　　10月26日上午8时，长沙戒严司令部派兵一营，看守会坪左、中、右三个大门，无论何人都不准通过，大会因此延时举行。欧阳立安和同学们早早地来到会场，上午10时许，各学校、各工会团体等群众越聚越多，附近的马路被阻塞，与会的工人、学生、市民各派一位代表与营长交涉，另有两位代表先后站

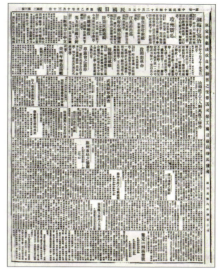

《长沙市民追悼黄静源烈士》(《时报》
1925 年 11 月 1 日)

《长沙市民示威运动》(《民国日报》1925
年 12 月 15 日)

在围墙上演说，群众呼声震天，掌声不绝。演讲完毕，大家一起高呼："教育会坪是大家的！我们要争集会的自由，我们要进去！"随后蜂拥而上，群众人多势众，军队无法阻拦。悼念群众冲入会场后，整队向黄静源遗像鞠躬，追悼会后，抬着烈士灵柩的群众出发游行示威，欧阳立安也像大人一样振臂高呼："打倒军阀""黄静源精神不死"等口号。

隆重悼念黄静源烈士、愤怒声讨北洋军阀的游行示威运动，充分显示了湘赣边界各民众团体的革命力量。同时，也唤醒了广大民

国民革命军在广州誓师，正式开始北伐

众。①欧阳立安年龄虽小，但是通过第一次参加党领导的群众运动，近距离地聆听到了许多革命的道理，见识到了民众团结之伟力，他的心灵经受了一次深刻的思想洗礼，进一步启发了革命觉悟。

1925 年 7 月 1 日，广州大元帅府正式改组为中华民国国民政府，黄埔军校校军和驻在广东的粤、湘、滇等各系部队，先后统一改编为国民革命军。1926 年 7 月 9 日，国民革命军誓师北伐，北伐战争正式开始。7 月 11 日，北伐军即占领长沙。

7 月 16 日，湖南全省工团联合会与学联、妇联等 200 余个革

① 节选自黄爱国：《湘赣民众悼念安源工运领袖黄静源运动小记》，《党史文苑》2006 年第 5 期。

北伐军占领长沙后，国民党湖南省党部妇女部和湖南女界联合会欢迎第 7 军政治部女宣传队员时的合影

命团体，组织群众 5 万余人，在长沙教育会坪一起召开了欢迎国民革命军北伐大会。年仅 12 岁的欧阳立安被推选为学生代表到台上发言，因为年龄小、个子矮，只能站在小凳子上。欧阳立安慷慨激昂地声讨帝国主义和军阀的反动罪行，因为太高兴、太激动，讲得嗓子都哑了。

　　北伐战争的节节胜利开辟了国民革命的大好局面。1926 年 7 月 25 日，由唐生智担任主席兼军事厅长的湖南省政府成立，这一时期，唐生智在政治上愿意接受中共湖南区委①和国民党湖南省党部的主张，对工农群众运动采取了支持和扶持的态度。②

---

① 1925 年 11 月，中共湘区执行委员会更名为中共湖南区执行委员会（简称"中共湖南区委"）。

② 《湖南工人运动史》编写组编著：《湖南工人运动史》（民主主义革命时期），中国工人出版社 1994 年版，第 215 页。

8月6日，中共湖南区委发表的《对湖南政局宣言》指出，湖南革命政府应积极地拥护革命民众的政治自由和经济利益，大力扶助工、农、商、学团体的发展。8月16日至9月5日，国民党湖南省第二次代表大会召开，接受了中共湖南区委的建议和《对湖南政局宣言》，议决了开展湖南农、工、商、学、青、妇运动各案，发表了扶助工农运动的宣言。会后，湖南省的工人运动仍在国民党湖南省党部公开指导下进行，大批共产党员、青年团员以国民党省党部或县党部工运特派员的身份赴各地开展工人运动。

为了大力开展工农群众运动，更好地支援北伐，国民党湖南省第二次代表大会召开时，即着手建立和改组全省工农运动的统一组织。欧阳立安的父亲欧阳梅生根据党的指示，与郭亮等同志一起负责筹备成立湖南全省总工会，为此欧阳梅生很少在家落脚。8月26日，湖南全省工团联合会改组为湖南全省总工会，由郭亮任委员长，蒉去病任秘书长，欧阳梅生、黄龙任秘书，袁福清任组织委员，黄又难任联络员，武文元和潘福岩分任纠察队正、副队长。[①] 湖南全省总工会会址设在长沙市宝南街51号，欧阳梅生作为湖南全省总工会秘书，事务繁杂，不仅要动员工人们协助北伐前线运弹药、抬伤员，夜间还要给工人纠察队员们上课，偶尔回家看看，也是急急惶惶，衣服常因顾不上换洗而发出

----

① 《湖南工人运动史》编写组编著：《湖南工人运动史》(民主主义革命时期)，中国工人出版社1994年版，第222页。

长沙市宝南街今貌

难闻的气味。

1926 年 10 月 1 日至 13 日，中共湖南区委召开了第六次代表大会，制定了有关工人的最低限度政治经济要求 17 条，这就是"工人政纲"①，其中政治方面的要求 5 条，经济方面的要求 12 条。

---

① 《湖南工人运动史》编写组编著：《湖南工人运动史》（民主主义革命时期），中国工人出版社 1994 年版，第 224 页。

湖南全省第一次工农代表大会在长沙召开。上图为大会代表合影，下图为大会日刊

大革命时期湖南全省总工会证章

为了贯彻工人政纲，检阅全省工人的战斗力量，扩大并强固工会组织，确定今后奋斗的方针策略，湖南全省总工会积极筹备召开湖南第一次工人代表大会。12月1日，全省第一次工人代表大会和农民代表大会在长沙教育会坪开幕，20日至25日，工人代表大会连日讨论各项议案，共通过27项议案。根据《关于工人武装自卫之决议案》，由全省总工会颁行纠察队组织大纲，从速组织各级武装纠察队。各地武装纠察队开始普遍建立。

早在12月14日，湖南全省总工会纠察队总队部就已经正式成立，总队长武文元，副总队长潘福岩，秘书陈晋武，队部驻地设在长沙荷花池兑泽中学。① 省工人纠察队成立后，欧阳梅生兼

---

① 《湖南工人运动史》编写组编著：《湖南工人运动史》(民主主义革命时期)，中国工人出版社1994年版，第256页。

湖南工人纠察总队队部驻地（长沙荷花池兑泽中学）旧貌

长沙市东茅街今貌

任工人纠察队政治教员，白天组织工人纠察队员支援北伐，晚上负责为工人纠察队员上课。欧阳梅生特意带着欧阳立安去观看纠察队操练，纠察队威武整齐的操练带给欧阳立安强烈的震撼。回到学校后，他便在进步教师的带领下，和同学们一起组织了学生纠察队，被推选为修业小学纠察队第一队队长。

1927 年 1 月，湖南全省总工会会址迁到长沙市东茅街 32 号 ①，欧阳梅生根据组织安排，出于方便工作的需要，带着一家人搬到了总工会旁边一个旧军阀的公馆。这段日子，成为欧阳一家人少有的欢乐时光。

少小壮气

北伐期间工农群众运动蓬勃发展，在打击北洋军阀的同时，也涤荡着旧中国的其他旧势力、旧制度。

1926 年下半年到 1927 年初，湖南各地的革命群众掀起了自五四运动、六一惨案和五卅惨案以来湖南的第四次反帝高潮，主要对象是英帝国主义。② 青沪惨案湖南雪耻会于 1926 年 7 月中旬

---

① 《湖南工人运动史》编写组编著：《湖南工人运动史》（民主主义革命时期），中国工人出版社 1994 年版，第 221 页。
② 《湖南工人运动史》编写组编著：《湖南工人运动史》（民主主义革命时期），中国工人出版社 1994 年版，第 233 页。

改名"湖南雪耻会"恢复活动，于8月8日通告各县整顿会务，实行抵制英货政策。1926年9月5日四川万县惨案和1927年湖北汉口"一·三"惨案发生后，湖南省各地对英经济绝交运动进一步扩大化。1927年初，在帝国主义分子把持下的外国轮船海员工人和长沙海关工人相继爆发了反英罢工斗争，继而发生了全省洋务工人一致罢工和长沙10万工人罢工声援。以废除帝国主义在湘特权为内容的政治斗争广泛开展，相继取得了胜利，收回湖南邮权、湘雅医院和长岳海关。

反封建斗争同样如火如荼。为保障工农利益，全省第一次工人代表大会通过了《惩办土豪劣绅贪官污吏决议案》，请求政府成立审判土豪劣绅特别法庭。随即全省各地开展了镇压土豪劣绅及反革命分子的运动。① 工会和农会组织宣传队，掀起了反对宗法思想制度、推翻神权、破除迷信的热潮。全省总工会和各级工会均设立了劳动妇女委员会，妇女剪发、放足，倡导婚姻自由、男女平等，一时蔚为风气。各地工会还与农会一起开展扫除社会劣习、改造社会风气的斗争，禁烟②、禁赌、禁娼。

欧阳立安一家住的房子大了，但让母亲操心的事反而更多

① 《湖南工人运动史》编写组编著：《湖南工人运动史》(民主主义革命时期)，中国工人出版社1994年版，第246页。
② 指禁鸦片烟。

了，最让她心累的就是大儿子欧阳立安。欧阳立安自从参加了学生纠察队就成天不着家，白天，他腰扎皮带、手拿木棒，带着小纠察队员在大街小巷"巡逻"，查烟禁赌，维持社会秩序，演讲和散发传单，号召募捐救济灾民；晚上，他就帮助父亲油印传单。按照母亲的说法，他总在管"闲事"，一会儿说哪家的孩子"不革命"，一会儿说哪家的女孩儿"像资产阶级小姐"，把左邻右舍的孩子弄得哭哭啼啼，经常有孩子的家长跑到家里来告状，大人一开口，孩子也跟着助威似的撒泼。母亲担心他的安全，批评他在外面"闯祸"，还禁止他出门，欧阳立安很固执，坚持认为自己是在"革命"，而"革命"没有错。母子俩开始怄气。

父亲难得回到家，本来工作就忙，听说了事情的原委，一向温和的他也忍不住焦躁起来，顺手打了欧阳立安一巴掌，并且高声责备了他，要求欧阳立安每门功课考过80分，少1分就别来见他！欧阳立安很委屈，晚饭也不肯吃，躲在角落用小刀刻画石头，而父亲一眼也没有看他，看来是真的生气了。期末考试成绩出来了，欧阳立安的算术没有考好，他更加觉得无颜面对父亲，甚至萌生了离家出走的想法。

等到学校学期结束了，欧阳立安与二弟欧阳应坚一起到学校参加结业典礼。典礼结束后，欧阳应坚不见了哥哥，就赶紧回家向母亲报告，母亲原以为欧阳立安不是贪玩就是"闹革命"去了，就没把这事放在心上。到了吃午饭的时候，仍不见欧阳立安回家，欧阳应坚也没心思吃饭，胡乱扒了几口就跑出去找哥哥了。天黑了，欧阳应坚汗流满面地跑回家，愁眉苦脸地报告母亲，还是没有找到。母亲急了，带着欧阳应坚穿街走巷，先是跑到学校，那里已经关了大门，又去了总工会，欧阳梅生也不在，无奈只得先回家。第二天，父亲带着欧阳应坚，把欧阳立安几个要好的同学都找遍了，都说没看见。只有住在南门外的一个同学说，欧阳立安是跟他的好朋友郑大年一起离校，而郑大年回老家湘潭去了。

父亲很着急，但是实在抽不开身，便给母亲买了一张去湘潭的船票，母亲当天就赶往湘潭。母亲找到了郑大年的家，听郑妈妈讲，欧阳立安已经进军队当了兵，说是要去北伐。母亲连忙赶到兵营，还好找到了欧阳立安，他满面愁容，穿着一身不合身的军装，见到母亲大吃一惊，压根儿没想到母亲能找到这里。母亲顾不得跟他细说，急忙去找连长，说明来意。当时的国民革命军还没有背叛革命，与老百姓相处还算融洽。连长猜到这个孩子是瞒着家里偷跑出来的，不收留他又怕他到处乱跑出现意外，既然家里找来了，正好领回去。

回到家的当晚，父亲竟破例留在家里没有出去，苦口婆心地批评欧阳立安遇到困难就"逃避"的错误思想，拿自己小时候的求学经历勉励儿子。欧阳立安被感动了，整个暑假，他天天早起，唤醒弟弟妹妹们一起收拾屋子、生活、烧水、煮粥，然后一起做功课，他各门功课的成绩也越来越好。父亲甚至夸他："你现在已经不是逃兵了！"欧阳立安却说："我要当像爸爸一样的革命者！"

1927年春，中国人民反帝反封建的大革命风暴震山撼岳，势不可挡。北伐战争的胜利发展，工人运动的空前高涨，引起了帝国主义、买办资产阶级和封建大地主的恐惧和仇恨，也引起了国民党右派的恐惧与不安。随着革命形势的发展，以蒋介石为代表的国民党新右派集团加紧同帝国主义、地主买办阶级勾结，准备反革命政变。4月11日，蒋介石密令北伐军已克复的各省，一致实行"清党"。4月12日，在上海发动反革命政变，疯狂逮捕、屠杀共产党员、工人领袖和革命群众，到4月15日，上海工人300多人被杀，500多人被捕，5000多人失踪。[1] 这就是震惊中外的四一二反革命政变。

四一二反革命政变是大革命从高潮走向失败的转折点，随后

---

① 《湖南工人运动史》编写组编著：《湖南工人运动史》（民主主义革命时期），中国工人出版社1994年版，第279页。

四一二反革命事变中反动派屠杀革命群众

反革命屠杀扩展至东南各省，湖南的反动势力也趁机大肆活动，各种反动组织的活动日益猖獗。4月18日，蒋介石在南京另立国民政府，同保持国共合作的武汉国民政府相对抗。这时的武汉国民政府只控制湖南、湖北和江西部分地区，不仅财政困难，而且同时面临东南的新军阀蒋介石、北面的旧军阀张作霖和南面的广东新军阀李济深、广西新军阀李宗仁三个方面的军事威胁。4月19日，武汉国民政府举行第二次北伐誓师大会，北伐军总指挥唐生智率领8万大军北上。蒋介石趁武汉军队主力出师北伐、后方空虚之机，不断指使川、黔、桂、粤等地方军阀进攻两湖，同时

第二次北伐誓师大会

秘密策反驻扎在两湖的武汉国民革命军军官发动叛乱，企图里应外合，推翻武汉国民政府。

　　隐藏在国民革命军内部的封建地主阶级的代表何键，与蒋介石勾结，伺机在湖南发动反革命武装叛乱。何键是醴陵的大地主，极端反动，时任北伐军第35军军长，5月初，何键派遣高级幕僚、醴陵著名恶霸地主余湘三来到长沙，进行具体策划，得到了国民党湖南省政府代主席兼军事厅长张翼鹏的默许。5月中旬，余湘三通过张翼鹏将许克祥的独立33团从湘乡、湘潭调来长沙，作为发动武装叛乱的主力。5月17日，余湘三、许克祥、王东原（第35军教导团团长）等在许克祥团部密商行动计划，决定于5月21日晚上举事，并推许克祥任总指挥，陶柳的35军后方留守处及其他驻长沙部队配合行动。①

5月上旬，根据中共五大的决议，中共湖南区委改称中共湖南省委，原区委书记李维汉调中央工作，夏曦接任省委书记。但此时的中共湖南省委、国民党湖南省党部及各民众团体对即将到来的反革命叛乱虽然做了一些准备，但十分有限，没有引起足够的警觉。5月20日，长沙城内谣言四起，人心惶惶，中共湖南省委和国民党湖南省党部为戒备事变发生，于下午召开了省总工会、省农协、省学联、省教联等民众团体参加的紧急联席会议，从这天起，省总工会所在地东茅街、长沙总工会驻地东长街、省农协驻地局关祠戒备森严，长沙工人纠察队全副武装，日夜在附近轮流放哨、巡逻。20日晚，中共湖南省委开会分析时局，已调中央工作尚未赴任的原区委书记李维汉提出一个由公开转入秘密及应对反革命事变的工作提纲，同时决定省委书记夏曦和几个公开活动的重要负责人分路转移，就地指挥工作，并成立了以薛世纶为书记的秘密临时省委应付事变。21日下午，中共长沙市委召集包括工人纠察队员在内的活动分子会议，布置了应变措施。当日长沙城内传闻北伐军已克郑州，武汉无恙，谣言稍息。当晚省委再开会，认为许克祥不会立即发动叛乱，并推举郭亮代理省委

①《湖南工人运动史》编写组编著：《湖南工人运动史》（民主主义革命时期），中国工人出版社1994年版，第281页。

书记，主持日常工作。①

当晚 11 时左右，会议刚散，反革命叛乱就发生了。全省总工会是敌人攻击的主要目标，担任警卫任务的工人纠察队与叛军展开了激烈战斗，因寡不敌众，20 多名工人纠察队员英勇牺牲，反动军队进入省总工会后见人就杀，被打死的干部、工人达七八十人。当晚全城通宵戒严，叛军对革命者整整屠杀了一夜。②

这天晚上 6 时多，欧阳梅生就从省总工会回到家中，清理文件和书籍，把机密材料放在灶膛里销毁，然后和衣而眠，倾听着街上的动静，孩子们从白天开始就被母亲关在家里不许出去。外面枪炮声一响，欧阳梅生就从床上跳了起来，急得满屋子打转，他为同志们的安全担心，几次要冲过去都被妻子拖住了，因为冲过去也无济于事。四周都是枪声，隔窗可以看见熊熊火光，染红了半边天，马路上传来人群仓皇奔跑的脚步声，孩子和妇女的哭叫声，到天亮才稍稍安静下来。枪声一停，欧阳梅生就马上奔了出去。

欧阳立安也跑出去探听消息。至 22 日上午，包括全省总工

---

① 《湖南工人运动史》编写组编著：《湖南工人运动史》（民主主义革命时期），中国工人出版社 1994 年版，第 282 页。
② 《湖南工人运动史》编写组编著：《湖南工人运动史》（民主主义革命时期），中国工人出版社 1994 年版，第 282、283 页。

長沙事變經過情形二

第一、屠殺慘狀。湖南自長沙五月二十一日事變後，許克祥彭國鈞仇緊蕭覺鄧等屠逆，日益猖獗，反革命工作，擴張到鄉村中去了，農工民眾大遭屠殺，茲就最近得到的消息，分別報告如次。（一）長沙方面：許逆克祥搗毀封閉各種革命團體後，白晝戒嚴，夜行屠殺，不問理由及事實，即行拘捕，以處死刑，他們的刑法，很殘酷的：如殺女負責的同志，先行割去乳部，即行拘捕，用刀斬斷頸部一半，又用步槍向陰門一槍。殺男子，先用極慘刑法考問，再用刀斬斷首，此種處決，均在夜間種種慘殺，實極悲慘，令人痛心疾首，割剖，其如腰斬暴刑或清晨舉行，並無罪狀宣布，即有罪狀，只在罪狀上面添寫被殺姓名，如殺省民會議代表李異雲，曾做學生運動的田波揚：省黨部青年部的秘書賈云吉，田波揚夫人陳愛雲去保釋田君時，亦被扣留慘殺。六月一日，瀏陽民眾被反動派摧殘，即取軍事行動，在長沙小吳門外屠殺請願民眾一百三十餘人，同時將小吳門行走的女子誤為偵探己變，逃來省長請願，不知長沙己變，亦被扣留慘殺。自六月一日後，長沙每天至少要慘殺民眾數十餘人，擅行拘斃而不見釋放者無算。（二）常德方面：一、五月二

國聞週報（第一百九十九期）

《向导》周报关于"马日
事变"的报道

会、长沙总工会在内的 70 多个民众团体及革命机关皆为叛军掳掠一空并封闭，交由当地警察负责看管，工人纠察队、党校及工运讲习所、工运训练班的武器全部被缴。叛军还捣毁了审判土豪劣绅的特别法庭，将所有监押的土豪劣绅和反革命分子尽行释放，将所有革命标语全部撕毁，遍贴反共标语。一夜之间，长沙一片白色恐怖，尸横遍野，血流成河，这就是骇人听闻的长沙"马日事变"。[1] 欧阳立安看到城楼上贴着大幅布告，碗大的黑字

---

[1] 《湖南工人运动史》编写组编著：《湖南工人运动史》（民主主义革命时期），中国工人出版社 1994 年版，第 283 页。

写着被通缉者的姓名，其中一幅是"通缉屠杀无辜民众的暴徒分子欧阳梅生"。深夜，欧阳梅生偷偷跑回家，告诉家人他准备转移到岳麓后山去寻找农军，他安慰好妻子，亲过每个孩子，夹着一小包衣服就悄悄走了。母亲默默地站在门口，欧阳立安则一直站在母亲身后，他已经懂得替父母分担忧愁了。

家庭支柱

"马日事变"发生后，长沙一时成为反动军官许克祥等 5 团长（独立 33 团团长许克祥、警卫团团长周荣光、35 军教导团团长王东原、8 军教导团团长李殿臣、军事政治学校三分校教官张敬兮）的天下，他们自封为中国国民党湖南省救党临时办公处临时主席团主席，发出了"清党"反共通电，继续在全省各地大肆追捕、屠杀共产党员和工人领袖。① 长沙城内好多房屋毁于炮火，遭遇劫难的人们拖儿带女沿街乞讨，所有的学校都被抄抢、检查、停办，学生不准留校。反革命到处捕人、杀人，见到穿中山装的、剪短发的，就说是共产党，不加问讯就拖去杀了，49 标操场上杀人号声不绝。许克祥的"救党委员会"还编了一首歌谣，指使团防局的人沿街叫嚷：

---

① 《湖南工人运动史》编写组编著：《湖南工人运动史》（民主主义革命时期），
　中国工人出版社 1994 年版，第 287 页。

工会你莫凶，三十三团用炮轰。

农会你莫恶，我们要你脑壳。①

　　在中国共产党的领导下，广大工农群众迅速从血泊中爬起来，拿起步枪、梭镖、大刀、鸟铳等武器，组成浩浩荡荡的工农义勇军，高唱战歌，誓与反动派拼个你死我活：

梭镖亮堂堂，擒贼先擒王。

打到长沙去，活捉许克祥。②

　　5月21日晚，全省总工会委员长郭亮、省农民协会秘书长（代理委员长）柳直荀，分别率领工人纠察队和农民自卫军与许克祥等反革命武装激战通宵。至22日黎明，郭亮率领部分工人纠察队员突围出城，由新河渡过湘江，到河西、湘阴组织发动工农武装反攻，然后前往武汉请求中央讨伐许克祥。柳直荀则于22日搭乘小火轮来到湘潭，23日，中共湖南临时省委领导和工农

---

① 陶承口述，何家栋、赵洁执笔：《我的一家》，中国工人出版社2021年版，第29页。
② 《湖南工人运动史》编写组编著：《湖南工人运动史》（民主主义革命时期），中国工人出版社1994年版，第287页。

郭亮（1901—1928）　　　　　　柳直荀（1898—1932）

领袖在湘潭和化坛召开最高军事会议，决定成立湖南工农义勇军总司令部，推选柳直荀任湖南工农义勇军总司令，王洪伦为副总司令，王基永任政治部主任，司令部设在湘潭姜畲雅爱塘。① 湘潭军事会议精神下达后，长沙附近各县的工农武装约有 10 万人，分四路集中，准备向长沙进攻。

　　但在中共中央和平解决的方针下，有人害怕攻城会破坏国共合

---

① 《湖南工人运动史》编写组编著：《湖南工人运动史》(民主主义革命时期)，中国工人出版社 1994 年版，第 288 页。

作，又中途改变计划，下令撤退。只有浏阳等地的 5000 余名农军因未及时接获命令，于 31 日单独进攻长沙，被许克祥击败。各县农军先后被各个击破。反革命分子由此更加疯狂，短短 20 多天里就在长沙附近各县屠杀了 1 万多人。湖南的党组织遭到严重打击。

欧阳梅生走后的第二天，党组织就派人来帮助陶承他们搬家，一家人不声不响地卷起铺盖，收拾起锅碗瓢盆，从东茅街逃到长沙北城贫民区铁佛东街，成了无家可归的难民。孩子们失学了，待在家里无事可做，市面上不安宁，母亲也不敢让孩子们出门乱跑。反革命认定"凡农皆匪，无徒不暴"，就是几岁的孩子，说话走了嘴也得丧命。

一天，母亲让欧阳立安出去买东西，不一会儿他就着急忙慌地跑了回来，哭着告诉母亲，他的老师被反动派杀害了，他要去岳麓山找父亲，他要为老师报仇，要同反动派拼命。母亲能做的只有安慰他。母亲很心疼大儿子，这一个多月他吃了不少苦，虽然他还是个孩子，但生活使他早熟。现在父亲杳无音信，这个家还需要坚持下去，尤其需要这个大儿子顶上去。

家里已经断粮了，一家人只能自谋生路。母亲卖掉了几件衣服，凑得两块银元，在小市上趸① 了一些香烟、麻糖和凉薯，她把

① 读音：dǔn，为卖出而整批地买进。

民国时期湘江旧照

凉薯洗干净切成薄片，放在茶盘里，又把香烟和麻糖放在竹篮里，交给欧阳立安、欧阳应坚兄弟俩，让他们去湘江金家码头售卖。然而外面兵荒马乱，小生意也不好做，一天只卖得十几个铜板。

　　一家人不知道的是，当时的革命形势急转直下，危机不断加剧，欧阳梅生为躲避追捕，根据党的指示化装成算命先生，已经秘密转移到了湖北武汉。中共五大召开后，武汉地区的形势也急剧恶化，以汪精卫为首的武汉国民党中央和国民政府也迅速走向反动，在汪精卫的支持下，唐生智的主力部队特别是何键所部第35军，从河南前线撤回两湖，公开站在反叛的军官一边。

　　6月13日，国民党中央执行委员会政治委员会在武汉召开第

28次会议，会议决定派唐生智回湘查办长沙事件。唐生智于6月24日回湘，湖南全省总工会全体动员，上街张贴标语、散发传单，欢迎唐总指挥。但是，唐生智在6月27日却令警察逮捕在街上欢迎他的工人、学生数十人，28日将为首的4名共产党员绑赴教育会坪执行枪决，污蔑他们"蓄谋煽乱""摇惑军心"。同时改组国民党省党部，随后改组全省总工会，在省党部和民众团体中彻底清除共产党员，揭开了"清党"反共的序幕。唐生智对残杀共产党员、工农群众的刽子手许克祥表面上"记大过一次，留营效力"，实际上却给他升了官，由独立33团团长升为军事厅第2师副师长。① 7月15日，汪精卫等控制的武汉国民党中央召开"分共"会议，决定同共产党决裂，彻底背叛了孙中山制定的三大政策和革命纲领，随后，汪精卫集团对共产党员和革命群众实行大逮捕、大屠杀。至此，由国共两党合作发动的大革命宣告失败。②

这年秋天，四女儿欧阳本双生病，家里没钱抓药，母亲只能日夜守着她，累得头昏眼花，眼睁睁地看她受苦。一天晚上，天

① 《湖南工人运动史》编写组编著：《湖南工人运动史》（民主主义革命时期），中国工人出版社1994年版，第293、294页。
② 中共中央党史研究室：《中国共产党历史》第1卷（1921—1949），中共党史出版社2011年版，第219页。

一九二七年三月—八月全國各省因革命而犧牲者的數目之統計表（全國濟難調查）

中国济难会 ① 全国总会对1927年3月至8月全国各省因革命而牺牲者的统计材料，6个月中牺牲者近3万人

---

① 中国济难会（简称"济难会"），是中国共产党领导的以救济革命被难者为主要职志的革命群众组织，创建于1925年9月，总会设在上海。1929年12月更名为中国革命互济会（简称"互济会"）。参见中共上海市委党史资料研究室主编，肖辅珐、许光顺编著：《中国济难会革命互济会在上海》，知识出版社1992年版，第1页。

完全黑了，兄弟俩还没回来，母亲给他们留的饭重温了三次，母亲担心他们出事，把妹妹们哄睡着后就跑出去，沿着江边寻找。当在一盏半明不暗的路灯下找到兄弟俩时，欧阳应坚已经靠着灯柱睡着了，欧阳立安为了多卖些钱在等下一班船。好不容易收拾东西领着兄弟俩回到家，发现四女儿欧阳本双因病去世了。母亲一直哭到天亮，找了个收破烂的，把家中零星的物品全部卖掉，凑了几百钱，买了一口薄薄的小棺材，欧阳立安和欧阳应坚帮着母亲把妹妹抬到郊外，埋在一块清静的地方，一家人在坟堆旁坐了很久。

到了冬天，原全省总工会的一名同志来看望陶承一家，从他那里得知欧阳梅生转移去了武汉。母亲提出要去找欧阳梅生，一家人能在一起，也能给他当个帮手。在党组织的关怀帮助下，一家人坐上了前往武汉的小火轮。天寒水枯，船行困难，中途停靠在一个小码头，一待就是3天，一家人带的干粮吃完了。船上暂时供应一些粗米饭，有人没有钱，就去抢饭吃，随别人拳打脚踢也全然不顾。欧阳立安见人斗殴，气得呼呼喘粗气，母亲怕他惹事连忙拉他坐下，他挣脱了，把自己的小半碗饭送给了别人。

本来两天两夜的路程，这船却足足走了6天。由于人生地不熟，也没有欧阳梅生的确切地址，母亲只能先找个小客店住下安顿孩子们。欧阳立安不肯休息，自告奋勇出去找父亲，向店里的伙计问清湖南同乡会的地址，去碰碰运气。到了太阳落山，母亲终于看到父子俩手牵手，一起回到了小客店。一家人历经千辛万苦，终于在武汉团聚了。

| 三 |

在血雨腥风中走向成熟

投身革命

大革命失败后，中国共产党所领导的人民革命斗争进入最艰苦的时期，这就是土地革命战争时期。[①]国民党政权建立后，用法律、行政、特务、军事等手段残酷镇压任何革命活动，集中一切反革命势力向共产党人和革命群众进攻，[②]实行白色恐怖统治。在这种情况下，中国共产党的许多优秀干部，群众运动的领袖，成千上万的共产党员、青年团员，革命的工人、农民、知识分子以及党外革命人士倒在血泊中，党的活动被迫转入地下。

为了审查和纠正党在大革命后期的严重错误，决定新的路线和政策，中共中央于 1927 年 8 月 7 日在湖北汉口秘密召开紧急会议（即八七会议）。[③]八七会议后，中国共产党领导起义，开展武装斗争，实现了斗争形式的转变。尽管这时党发动了一系列的武装起义，但革命形势仍然处于低潮。然而，这时中共中央错误地估计了形势，党内的"左"倾盲动错误逐步滋长。

1927 年 9 月底至 10 月上旬，中共中央机关由武汉迁往上

---

① 中共中央党史研究室：《中国共产党历史》第 1 卷（1921—1949），中共党史出版社 2011 年版，第 225 页。

② 中共中央党史研究室：《中国共产党历史》第 1 卷（1921—1949），中共党史出版社 2011 年版，第 232 页。

③ 中共中央党史研究室：《中国共产党历史》第 1 卷（1921—1949），中共党史出版社 2011 年版，第 237 页。

八七会议会址

武汉中共中央机关旧址

欧阳立安画传

海。10月下旬，爆发了国民党新军阀李宗仁与唐生智之间的宁汉战争。10月23日，中共中央发出《中国共产党、中国共产主义青年团反对军阀战争宣言》。10月底，中央临时政治局常委会会议认为，当前的革命潮流是高涨的，中国革命的客观条件已经具备，党应当汇合各种暴动发展成为总暴动。为此，11月1日，中共中央临时政治局常委会通过《中央通告第十五号——关于全国军阀混战局面和党的暴动政策》。①11月9日至10日，中共中央在上海召开临时政治局扩大会议，会议通过共产国际代表罗米那兹起草的《中国现状与党的任务决议案》以及组织问题、政治纪律问题等决议。从11月中旬到12月中旬，中共中央临时政治局扩大会议的精神开始在各地贯彻执行。11月15日，中共中央发出《中共中央致两湖省委的信——两湖军阀混战形势下党的任务》，"命令两湖省委利用唐生智系军阀崩溃与大小军阀混战，工商业财政破产的局面更积极的发动两湖的革命，创造部分的暴动，汇合而成为总的夺取政权建立工农兵士代表会议的政权的暴动"。根据中央的指示，中共湖北省委于12月22日发出《对全省政治形势分析，准备实行总暴动》通告第2号。②12月31日，

---

① 中共中央党史研究室：《中国共产党历史》第1卷（1921—1949），中共党史出版社2011年版，第249页。
② 中共武汉市委党史研究室：《中国共产党武汉历史（1919—1949）》，中共党史出版社2011年版，第277页。

中共湖北省委制定《关于全省总暴动计划》。①1928年1月11日，中共湖北省委发出省委通告第16号，决定利用旧历年关时节，举行全省年关总暴动，占据乡村，进攻武汉。②

1927年11月25日，国民党南京政府任命桂系军阀李宗仁部第19军军长胡宗铎、副军长陶钧组成武汉卫戍司令部。胡宗铎、陶钧统治期间，疯狂叫喊"治乱世，用重典""宁肯错杀三万市民，不留一个C.P"③，掀起白色恐怖高潮。在年关前夕，武汉国民党当局破坏了中共湖北省委地下印刷机关，得到了湖北举行年关总暴动的消息，遂加强了戒备、防范和对共产党员、工农革命群众的血腥镇压。

1928年1月底，中共湖北省委决定改组汉阳县委，由林仲丹（张浩）④、欧阳梅生、蒋宗文等5人组成常委会⑤，张浩任县委书

---

① 中共武汉市委党史研究室：《中国共产党武汉历史（1919—1949）》，中共党史出版社2011年版，第278页。
② 中共武汉市委党史研究室：《中国共产党武汉历史（1919—1949）》，中共党史出版社2011年版，第279页。
③ "C.P"即中国共产党党员。
④ 林育英（1897—1942），化名张浩、仲丹等，湖北黄冈人，中国共产党早期领导人之一，著名工人运动领袖。
⑤ 中共汉阳县委组织部、中共汉阳县委党史办公室、汉阳县档案局（馆）编著：《中国共产党湖北省汉阳县组织史资料》(1926—1987)，武汉出版社1991年版，第26页。

中共汉阳县委遗址（今武汉市汉阳区晴川大道与龟山北路交叉叉口附近）

记，欧阳梅生任县委委员、组织部部长，继续组织年关暴动。县委下辖汉阳县城区委员会、汉阳山前山后区委员会、鹦鹉洲区委员会、汉阳兵工厂特别支部、汉阳车夫支部、汉阳一码头（大码头）支部、鹦鹉洲码头支部、汉阳电话支部和汉阳邮务支部等基层组织。①

　　欧阳梅生一家人团聚后不久，就把家安在了龟山脚下泗湾

---

① 武汉市汉阳区地方志编纂委员会：《汉阳区志》（下），武汉出版社 2008 年版。

龟山脚下的住宅旧貌

村^①一处两层的木质小楼房内。组织上考虑，这里地方偏僻，后门直通龟山，遇有紧急情况方便转移，加上家里孩子多，进进出出不会引人注意，就把县委机关设在了欧阳梅生的家中。欧阳梅生化名杨福生，对外称是报社编辑，周围邻居都称其为"杨先生"，称陶承为"先生娘子"。光看外表，这是一个热热闹闹的大家庭，欧阳立安的母亲作为这个"家庭"的主妇，还担负掩

---

① 今汉阳香瑞巷通往洗马长街的路口附近。

护县委机关的任务，平时负责为同志们望风警戒、收藏文件等工作。

孩子们都没有入学，欧阳立安像影子一样天天跟着母亲，成了母亲的"备班"。母亲在门口望风，他看母亲累了就接替母亲望风；母亲去收藏文件，他就在母亲身后放哨；屋外有什么动静，他就三脚两步地跑出去打探；父亲的同事们来家里开会，他就拿起笤帚，把门口雪地上的脚印扫得干干净净。

年关暴动在即，形势越发严峻，常来送信的交通员被捕。由于小孩子不大引人注意，欧阳立安终于接到了父亲交给他的革命任务，他成为县委机关正式的交通员。第一次执行任务，是送两封信去鹦鹉洲，父亲告诉他地点和接头人的名字，把包糖纸大小的信件交给他。他把信件放在麦芽糖里，打算遇见敌人盘查就把它吞下去。虽然途中遇到反动派当街杀人，不得已绕路，没有按时回来，但还是有惊无险地完成了任务。

此后每天，母亲就把党报① 和文件折成很小的长条，围在欧阳立安的棉裤腰间，用绳子捆结实，外面用棉袄盖好，一次可以捆八张，让他分别送到八个地方。

寒冬腊月，朔风刺骨，大雪没过脚踝，欧阳立安冒着严寒和

———————————

① 党报，即中共湖北省委机关报《大江报》。

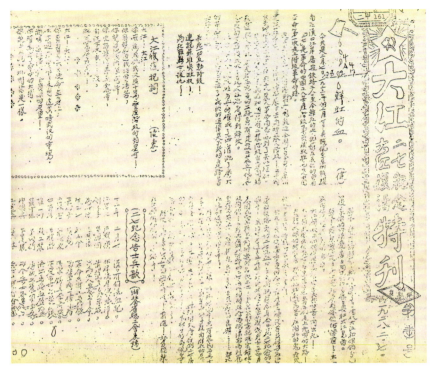

中共湖北省委机关报《大江报》

危险来回几次渡过汉水，到江对岸的鹦鹉洲，把党报和文件送到工人住宅区，每天要跑十几里路。时间长了，欧阳立安对鹦鹉洲一带非常熟悉，每所房子几乎都进去过，跟每个工人都打过交道，成了那里最受欢迎的"小客人"。工人们经常送给他一点糖果、麻花等好吃的零食，他舍不得自己吃，全都带回来给弟弟妹妹们吃。只有一件礼物他自己留下了，是一个叔叔送给他的一对斑鸠，褐嘴巴，黄眼睛，他编了一个竹笼，把它们挂在屋檐下。

一个十三四岁的孩子，个子也不高，每次出去行动都不惹眼，一般不会引起敌人的怀疑。这虽然是一个优势，但也并非百分之百管用。所以有的时候去送东西，欧阳立安还会叫上自己的二弟欧阳应坚或者三妹欧阳本纹。一旦看到反动军警，他们就假装闹别扭，吵吵闹闹，敌人以为就是普通的小孩儿打架，所以很少搭理他们，就可以趁机蒙混过关。如果遇到盘查严格的检查站，他宁可多绕路也要躲开，不让敌人检查自己。靠着这种机警，欧阳立安总能顺利完成任务，但有时候还是会遇到突发情况。

一次，欧阳立安去送文件，刚推开虚掩的房门，一把手枪就顶住了他："站住，干什么的？"他马上明白，这个叔叔可能已经被捕了，敌人正在守株待兔，以此为诱饵等着他们自投罗网。他沉着冷静，马上抱住对方的腿大声哭嚷，装作来讨豆腐钱走错了门，敌人一看是个小孩子，就很不耐烦地把他轰走了。欧阳立安趁势退了出来，第一时间先跑到江边僻静的地方把文件藏好，又悄悄回到暴露的地点门口，在墙壁上做了记号，警告其他同志小心。回到家，父亲听了他的讲述，夸奖他处理得好，做到了随机应变。欧阳立安受到鼓励，高兴得满眼放光。

汉口法租界三德里27号《大江报》编辑部旧址（今武汉市江岸区海寿街与友益街交叉口附近）①，图中向警予故居即为《大江报》编辑部旧址

---

① 1927年11月下旬《大江报》编辑部迁至汉口法租界三德里。1928年3月中共湖北省委宣传科长、《大江报》主笔向警予等被捕，《大江报》停刊。（《百年荣光　初心永恒——中共武汉历史大事记》，中共党史出版社2021年版，第59、64页。）

还有一次，父亲正与县委的几个同志在家开会，欧阳立安照例坐在门口放哨。突然传来一阵狗叫，一群军警直扑而来。他立即示警，并带大家从后门撤离。不料走到龟山上的一个破庙前，又发现了堵截的敌人，大家只得暂时先躲入庙内。他突然记起二弟欧阳应坚说过，到庙里捉蟋蟀时，曾看见菩萨像下面有个洞，便与大家把菩萨像移开，发现果然有个很大的洞。他等大家钻进洞后，再将菩萨像移回原处，然后在菩萨像后蹲着身子拉大便。敌人没找到要抓的人，连忙捂着鼻子，边骂边走开了。

　　《大江报》编辑谢觉哉也曾这样称赞欧阳立安："当时环境恶劣，编报、印报、发报都是单线运作。这个孩子，就秘密替我们传送。他勇敢机警，常常能骗过敌人，真是一位少年斗士。"

　　一进腊月，反动派就加紧了"冬防"，市面上更加混乱。汉阳县委的年关暴动计制定好了：夺取电灯公司、电报局，割断电线，控制交通要道，同时攻打反动军警机关。但最重要的是搞武器，这是一切计划的关键。欧阳梅生已经和汉阳兵工厂工人接过头，从兵工厂里运出20条步枪、2挺机枪，偷运武器的任务交给了赤卫队员杨兴发，为了有个照应，临时又派黄子干①协助他。1月20日凌晨行动，他们从兵工厂后门进去，把事先藏在废铁堆

————————

① 陶承：《缅怀龙大道》，《锦屏党史资料》1983年第3期。

里的枪支用席子卷着，运上小船划向鹦鹉洲。谁知刚靠近码头却被敌人发觉，两个巡逻兵上船搜查，再也遮掩不住。杨兴发举起船桨打倒了巡逻兵跳江逃回，黄子干被捕，装有武器的小船被敌人拖走。县委书记张浩决定自己造炸弹，坚决干到底。夜晚，张浩和妻子涂俊明组织同志们在自己家里赶制炸弹，不料雷管突然爆炸，惊动了敌人，涂俊明手被炸伤，夫妻俩连刚出世不久的小女儿都顾不上，在敌人包围上来以前从后门撤退，从后山跑到欧阳梅生家里，陶承赶紧给涂俊明包扎止血。那夜之后，张浩夫妻俩找了一个新住处，可惜他们的小女儿就此下落不明。

自 1927 年 12 月下旬，中共中央鉴于各地总暴动难以发动，便连续发出通知，指示一些地区如果条件不具备，就不要号召立刻暴动，并决定停止原计划的湖南、湖北年关暴动，从而避免了一些损失，对纠正盲动错误起了一定的作用。但这时中共中央还没有从指导思想和总策略上认清"左"倾错误，也就不可能彻底地纠正带全局性的盲动错误。[1]1928 年 2 月下旬，在有中国共产党代表参加的共产国际执委会第九次扩大全会上，通过关于中国问题的决议，基本正确地分析了中国革命的性质和形势，批评了罗米那兹所谓"不断革命"的错误观点。4 月 30 日，中共中央临

---

[1]　中共中央党史研究室：《中国共产党历史》第 1 卷（1921—1949），中共党史出版社 2011 年版，第 251 页。

时政治局发出关于接受共产国际决议案的 44 号通告。至此，这次"左"倾盲动错误在全国范围的实际工作中基本停止。①

继承遗志

1928 年 2 月 12 日夜，张浩、龙大道和欧阳梅生在欧阳梅生家中开会商议，决定由组织委员欧阳梅生起草报告，向中共湖北省委报告关于年关暴动的情况。

张浩（林育英，1897—1942）　　　　龙大道（1901—1931）

---

① 中共中央党史研究室：《中国共产党历史》第 1 卷（1921—1949），中共党史出版社 2011 年版，第 252 页。

欧阳梅生身体一直不好，加之一直处于高度紧张、极度疲劳的状态，勉强支撑着写到报告的最后一页，突然晕倒了。因为宵禁不得不留在欧阳梅生家中休息的张浩和龙大道，赶紧帮助陶承把欧阳梅生抬到床上，帮他活动手脚，但是欧阳梅生双目紧闭，神志昏迷。欧阳立安被龙大道叫醒，赶紧跑出去找担架，可是一出巷口就碰到了敌人的巡逻兵，不得不退了回来。直到第二天早晨宵禁解除，才由龙大道和陶承把不省人事的欧阳梅生用担架抬到汉口协和医院急救。欧阳立安随后背着小妹妹欧阳双林来到医院陪母亲，手上还提着汽油炉子和小锅，等着父亲醒来给他煮粥吃。

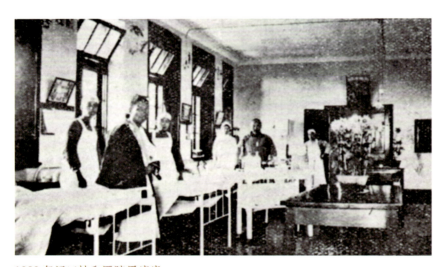

1928 年汉口协和医院男病房

2月13日下午，欧阳梅生在医院病逝，时年33岁。在党组织的帮助下，欧阳梅生被安葬在龟山西南麓一个叫罗汉肚的地方。新中国成立后，1954年，因修建武汉长江大桥，需要迁移一批坟墓，欧阳梅生烈士的遗骨被迁往他的老家，安葬在湖南长沙，湖南省人民政府在他的墓碑上镌刻"公而忘私，国而忘家"八个大字。

欧阳梅生烈士墓（今长沙市天心区金陵城市绿化墓园内）

欧阳梅生逝世后不久，陶承的一个远房亲戚出于怜悯，来信叫她带着孩子们回湖南老家，但是陶承决心沿着丈夫的足迹继续跟党走，不能背弃丈夫的信仰。

一家人还是住在老地方，陶承通过揽些针线活，对外摆摆样子，掩人耳目，继续掩护县委机关。欧阳立安接受张浩的安排，前往一家石印公司做徒工，其实这是党组织的另一个秘密联络据点，他继续做县委的地下交通员，不在家住了。

张浩原计划开设一家"义兴会"木器行做掩护，把县委机关和陶承一家都转移过去，不料还没有正式开张就被查封。张浩夫妇逃到汉江边一座小板棚里躲藏了几天，无奈敌人到处搜捕，他们在武汉已无法立足。3月，张浩夫妇奉党组织命令离开武汉前往上海。县委机关的地址也因叛徒出卖暴露了，陶承和欧阳应坚、欧阳本纹、欧阳双林一起不幸被捕入狱。小儿子欧阳稚鹤虽然还不到5岁，但是非常机警，一看警察进屋，趁乱拿了床头的钥匙开后门偷跑出去，因为路不熟不敢跑远，就坐在山脚下哭，正好杨兴发来送文件，欧阳稚鹤认识他，连忙向他示警，杨兴发抱着他翻过龟山，赶紧给有关系的同志送警报，最后把他临时安置在一个茶楼上。

陶承和三个孩子被捕后坚贞不屈，坚决不泄漏任何党的秘密。因为叛徒泄密后就被枪毙，死无对证，陶承就靠坚决不承认同敌人磨，加上她丈夫新丧，软磨硬泡，又哭又闹，敌人束手无策，见问不出想要的东西，渐渐失去了耐心，到被捕后的第八天早晨他们都被放回了家。警号撤除后，杨兴发把欧阳稚鹤也送了回来。

陶承接受组织的安排转到济难会工作，把家搬到桥湾那头一个煤铺的楼上。济难会是大革命时期成立的一个民众团体，是工会的下属组织，也是革命斗争的一条特殊战线，主要工作是支援工人运动，解决罢工工人的生活困难，保护和救济革命工农。陶承带着两个女儿和小儿子住在一起，在煤铺的对面开了一个纸烟店，主要任务是保存密件，传递消息，给蒙难被捕的同志打铺保进行营救。党组织在汉口开了一家勤余米店，欧阳应坚被安排去店里当学徒。欧阳立安仍在石印公司。

石印公司老板是个出了名的酒鬼和赌棍，输了钱、喝醉了酒，便向徒弟寻事。陶承担心欧阳立安受苦，去看过他一次，他抱着母亲的脖子，兴高采烈地讲他智斗老板的故事，还告诉母亲，他有空的时候没有忘记看书，还经常念给师兄弟们听。母亲很是欣慰，但始终没有告诉他，自己和弟弟妹妹们曾被捕的事。

1928年冬，勤余米店的老板突然被捕，米店被查封，欧阳应坚被扣留。济难会也出事了，陶承的纸烟店也无法继续存在。济难会的负责人张牧之也无法立足，准备前往上海，临行前通知陶承收拾收拾，随即动身。欧阳立安因为工作需要，暂时无法随母亲前往上海。陶承找到欧阳立安，告知他这个消息，嘱咐他照顾好二弟欧阳应坚，等他出狱就一起去上海。当天晚上，陶承带着孩子们，摸着黑去了欧阳梅生的坟墓告别。

此时的上海也并不安全。四一二反革命政变后，蒋介石为了镇压革命力量，在上海成立了由东路军政治部主任陈群负责的"清党"委员会，又任命东路军总司令部特务处处长杨虎为上海警备司令，在军方的支持下，成立"上海工人组织统一委员会"（简称工统会），破坏革命工会。到1927年12月初，上海工人和共产党员被杀害的2000人以上，被捕、遭监禁和遭开除的达万人，上海的革命力量遭到空前摧残。大革命失败后，虽然中共中央从武汉迁回上海，但是在严重的白色恐怖环境下，原先公开半公开的党组织不得不全部转入地下活动，为了保护安全，建立了严格的秘密工作制度和纪律。

陶承带着欧阳本纹、欧阳稚鹤和欧阳双林先一步来到上海，找到一家小客店安顿好孩子们。虽然找到了张牧之，但是由于地下党组织被破坏，一时没有接上关系。张牧之帮助陶承租到一个亭子间，安排陶承和三女儿欧阳本纹进纱厂做工维持生计，母女俩天天早出晚归，把小儿子和小女儿托在邻居家里。旧社会一个童工要做 12 个钟头，本纹一个小姑娘，年龄小、个子小，脚下得踩着凳子做工，一天做下来双脚红肿。

陶承的遭遇还要糟糕，因为缠过脚，跑不快，做了不到一个月就被辞退了。离住处不远有个花边行，专卖湘绣用品，陶承就去领一批拖鞋、领口、绲边回来做，有时也给成衣店加工半成品，勉强度日。

1929 年春，欧阳应坚被释放后，欧阳立安带着他一起也终于

日商日华纱厂的童工每天要在车间连续站立操作 12 小时

来到上海。来的时候，兄弟俩混进了一艘船的货舱，货舱里面空气流通不畅，欧阳应坚实在忍不住出去透风，不小心睡了过去，被查票的抓住，见两个小孩儿确实没有钱，只好不了了之了。欧阳立安来到上海后，经邻居一个姓唐的老太太介绍，找到上海申新五厂一个姓王的工程师，王工程师是湖南老乡，绰号"迂夫子"，为人热心，见欧阳立安聪明机灵又上过几年学，对他非常满意，就带他进了工厂。起初，王工程师特地给他安排轻松的工作，在办公间当茶房，平时扫地、倒茶、打水、跑腿，半工半读，有时间还帮他补习功课，但是欧阳立安并不满意，他更愿意做一个真正的工人，与工人们在一起。不久，他就被派去铜匠间当学徒。

张牧之终于来找陶承，传达党组织分配的任务：安排陶承照顾沪中区委书记何孟雄的孩子，同时安排她的二儿子欧阳应坚去学习排字，为将来建立党的印刷所做准备。

党在上海地方的秘密领导机构——中共江苏省委成立于1927年6月上旬。中共五大后，根据6月1日中央政治局会议通过的《中国共产党第三次修正章程决案》，决定撤销中共上海区委，分别成立中共江苏省委和中共浙江省委。在腥风血雨中成立的中共江苏省委遭到上海租界当局和南京国民政府的极力扼杀，成立半年多中，省委领导机构就遭受三次大的破坏，陈延年、赵世炎、

欧阳立安工作过的原申新五厂铜匠间

申新五厂工房

陈乔年等近 10 名领导骨干牺牲，损失惨重，但共产党人前赴后继，依然坚持开展工作。其间着手重建和发展了上海的党组织，根据秘密斗争的需要，将上海市区原有的 8 个部委改建为沪东、沪西、法南、闸北、浦东、沪中 6 个区委，1927 年 11 月又设立了吴淞区委，配备了各区委的领导干部。[①]

何孟雄及其夫人缪伯英都是中共一大召开时全国最早的 50 多名中共党员之一，中共一大闭幕后不久就在北京结婚，李大钊称赞他们是"党内一对为了共同的理想信仰而奋斗的英雄夫妻"。何孟雄于 1927 年 7 月底奉调上海，参加中共江苏省委工作，任省委农委秘书。1928 年 4 月任中共江苏省委常委，分工负责军委和农委工作，兼任农委书记。中共六大召开后，为加强党的建设，中央政治局对各地方党组织的改组、重建、充实作出了切实可行的指导，尤其是通过耐心细致的思想教育工作，顺利解决顺直问题和江苏问题。1929 年 1 月 24 日，中共中央政治局会议决定改组江苏省委，原省委部分成员调任区委以加强区的工作[②]。何

① 中共上海市委党史研究室：《中国共产党上海历史》第 1 卷（1921—1949），中共党史出版社 2022 年版，第 240 页。
② 中共上海市委党史研究室：《1921—1933：中共中央在上海》，中共党史出版社 2006 年版，第 196 页。

中共江苏省委机关旧址（今山阴路 69 弄 90 号）

孟雄于 1929 年 2 月被调到沪西区委任书记，1929 年 4 月又调到沪东区委任书记，1929 年 7 月又调到沪中区委任书记，1929 年冬又从沪中调回沪东任区委书记。[①]缪伯英于 1925 年 6 月 25 日在长沙生下儿子何重九，从老家请来族侄缪卫云帮忙料理家务、

---

① 曹仲彬：《何孟雄传》，吉林大学出版社 1990 年版，第 148、149、151 页。

照看孩子。1928 年 3 月 20 日缪伯英在上海生下女儿何小英后，由缪卫云把何重九送回长沙，交给妹妹缪仲英照料，给他改名缪礼南 ①。由于斗争环境险恶，食无定时，居无定所，长期清贫而不稳定的生活，使缪伯英积劳成疾，患了伤寒病，于 1929 年 10 月在上海病逝。

缪伯英去世后，党组织安排陶承照料她的孩子。

1929 年秋天的一个黄昏，何孟雄抱着女儿何小英来到陶承的家里。这是欧阳立安第一次见到何孟雄，但何孟雄对他却一点也不陌生。龙大道离开武汉后也来到上海，之后在上海、浙江、江西、安徽等地从事革命工作，何孟雄从他那里听说了不少陶承一家的情况。因为当晚暴雷暴雨，陶承担心何小英刚来新家怕生不习惯，就挽留何孟雄在家住了一宿。

欧阳立安向何孟雄讲述自己在工厂的遭遇：资本家剥削压榨工人的手段毒辣，规定吃饭不许关车，工人连上厕所的时间都没有，他所在的铜匠间就憋死过一个工人，大家都憋着一股怨气。今天晌午工人们都在吃饭，工头叫他去买香烟，他毫不客气地拒绝了，工头威胁要罚钱，他见工头那副丑态，不禁哈哈大笑，"你罚你的，老子不干了！"然后头也不回地走出大门。他跟

---

① 曹仲彬：《何孟雄传》，吉林大学出版社 1990 年版，第 155、156 页。

何孟雄（1898—1931）

王工程师说了这件事，王工程师怪他不懂事，叫他赔个礼还是回去，但他不愿意逆来顺受，再去给资本家当牛马。何孟雄看出了隐藏在欧阳立安稚嫩的面庞之下，那坚定的信念、不屈的斗志和机敏的目光，他趁着欧阳立安去收拾地铺的机会，向陶承提出：家里有欧阳立安这样的孩子，应该献给党，他会成为一个好战士的。陶承欣然答应，在她看来，欧阳立安和他们一家本来都是属于党的。

不久，何孟雄的哥哥何少青来上海看望他。陶承回忆说："何孟雄送来一个女孩，不到岁把，不会走路，要我给他喂牛奶。男孩子未见过。我带半年多，何孟雄把小妹子抱走了，把摇篮、

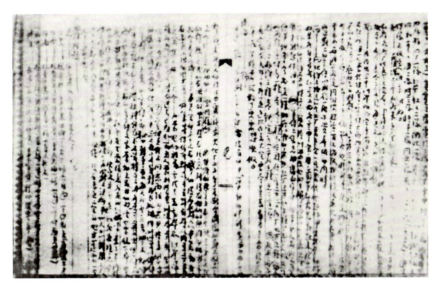

上海工会联合会校团会议记录

坐篮都拿走了。说交与他哥哥抚养。"以后，何孟雄请了湖南保姆彭东妹照料何小英。何少青看见小孩有人照顾，放心地返回长沙。①何孟雄调陶承到区工会联合会的机关，担负住家掩护工作，保管机关文件资料。

　　一个月后，陶承又被调到共青团中央秘书处。

　　中共中央迁回上海后，中央机关设在公共租界沪中区一带，江苏省委机关在闸北、虹口一带，团中央机关则在法租

① 曹仲彬：《何孟雄传》，吉林大学出版社 1990 年版，第 158 页。

界。当时确定的一条原则是机关社会化，即党的各级机关都以商店、住家、医院、写字间等形式出现，住机关和来往机关的人的穿着、语言、活动等必须符合公开身份要求。①共青团中央秘书处设在公共租界卡德路（今石门二路）树德里一栋两层的小洋房。陶承带着欧阳稚鹤和欧阳双林搬了进去，对外的身份是国民党第9军军长顾祝同手下副官的太太，工作是保管和分发文件，开会时担任警戒，有时也给来办公的领导同志做饭、放哨。

按照地下工作的纪律，三个大孩子不能来这里，只允许陶承去看他们。欧阳立安跟着何孟雄住在沪中区委机关，欧阳应坚住在印刷公司，欧阳本纹刚开始住在纱厂。欧阳立安对弟弟妹妹比母亲更关切，他常常带上他们去参加一些活动，分配一些事情给他们做。为了照顾妹妹欧阳本纹，他后来安排欧阳本纹住在一个名叫祝三妹的女共青团员家里，祝三妹与欧阳本纹同在纱厂做工，家里还有一个老妈妈，欧阳本纹吃住都在她们家，祝妈妈还帮她浆洗、缝补，对欧阳本纹就像自己亲生的女儿一样。这个哥哥考虑得非常周到。

---

① 中共上海市委党史研究室：《中国共产党上海历史》第 1 卷（1921—1949），中共党史出版社 2022 年版，第 233、234 页。

交通"火箭"

1929 年秋，欧阳立安跟随何孟雄来到沪中区委 ①，担任区委交通员。他经常在浦东、沪西、闸北、南市一带的纱厂和烟厂奔走，传递文件、散发传单和宣传小册子。他为了把传单带进工厂，就将传单揉成纸团塞进粗纱筒子里，工人们使用纱筒时，发现眼子不通就会用力一甩，传单便甩出来了；有时，他把宣传品裹在棉花团里，工人们捏着棉花团感觉里面有东西，扒开棉花就见到了。这些传单和宣传品就是通过党的地下交通线，在上海的工人中秘密地流传，让工人们感到党组织就在身边。

1929 年冬，经何孟雄介绍，欧阳立安加入共产主义青年团，不久就随何孟雄调到沪东区委 ②，担任共青团沪东区委委员，从事青年工人工作。欧阳立安一直生活在工人当中，很受工人们欢迎。有一次，他到浦东一家纱厂开会，因为发高烧突然晕倒了，工人们就把他藏在一架停用了的机器下面，上面铺满纱头，瞒过了工头的眼睛。有一次，团区委借用一个私立小学的礼堂给工人

① 沪中区是当时上海的中心区域，大致范围为现在的黄浦区，包括南京路和淮海路，工人多为店员和手工业工人。
② 沪东区是当时上海的工业区，大致范围为现在的杨浦区和虹口区提篮桥以东、杨树浦一带，其中有老怡和纱厂、恒丰纱厂、永安纱厂、三新纱厂等，还有英商电车公司和码头。

们演戏，他扮演大肚皮资本家，衣服里面塞上烂棉花，把下边的纽扣都崩掉了。他还经常利用晚上借用工厂的子弟学校，把工人们组织起来教唱歌曲、排练节目，忙得不亦乐乎，工作开展得有声有色。他还自编自创了不少歌曲，其中有两首：

《歌谣》

天下洋楼什么人造？

什么人坐在洋楼哈哈笑？

什么人看门来把守？

什么人为工人坚决奋斗？

天下洋楼我工人造，

资本家坐在洋楼哈哈笑，

国民党看门来把守，

共产党为工人坚决奋斗！

《工人苦》

工人诉苦情，

唱把诸公听，

早上五点就起身，

一个大饼当点心。

中午开水把饭泡，

做工一天头昏眼又花，

提着饭篮疲疲倦倦回到家，

还要洗衣浆裳做饭茶。

要想过上好日子，

工人团结紧，

推翻旧社会，

建设新中华！①

除了地下交通员和团区委工作，欧阳立安有一段时间还兼任何孟雄的助手和警卫。当时的浦东有几家纱厂和铁路工厂，中共沪东区委的工作有相当一部分在浦东，但是交通只能靠摆渡船，摆渡船上经常有国民党的特务、警察和便衣。有一次，何孟雄和欧阳立安遇到敌人上船检查，这种检查都是挨个搜身，一般很难掩藏。欧阳立安年纪小，不容易引起敌人注意，机密资料通常都放在他身上，但这一回例外，敌人似乎特别注意像他这般大小的孩子。何孟雄有些担心，在摆渡船上脱身是很难的，因为船上空间有限，想逃只能往黄浦江里跳，江水又宽又急，跳下去未必能

---

① 嘉陵辑录：《湖南革命烈士诗抄》，湖南人民出版社1981年版，第93、94页。这两首歌曲均作于1929年，系由陶承回忆。

生还，再者船上就四五十个人，从船头到船尾一眼就能望穿，把资料扔出去也等于暴露。欧阳立安见自己前面有个年纪跟自己差不多的孩子，脖子上挂着烟摊儿在卖烟，就跟他商量帮他卖烟，把烟摊儿挂在了自己脖子上，一边用蹩脚的上海话高声叫卖，一边往正在搜查的敌人身边蹭。本来敌人嫌烦把他撵到一边去，还没等两人松口气，还是被一个特务发现没见过这个卖烟的小孩，要搜他的身。欧阳立安顺势把烟摊推还给那个小贩，神情自若地让敌人搜，敌人搜了半天什么都没查到，问他问题又对答如流，就不再追问。何孟雄被吓得不轻，等船靠岸后就问欧阳立安资料跑到哪里去了。原来，他趁人不注意时就把资料藏在了烟摊儿背面，敌人搜查时就把烟摊儿还给了小贩，身上自然什么都没有，等下船时他又假装想跟小贩交朋友，把资料又悄悄地拿了回来。何孟雄不禁对他连连夸赞。

欧阳立安最大的优势就是人小腿快，对于这一点，凡是接触过他的同志都特别佩服。上海作为全国最大的工商业城市，居民籍贯遍及全国各省且流动人口众多，交通便利，加上新一轮房产开发，空余住房多，外国租界大片存在，环境特殊，有利于机关的掩护。上海滩的马路、弄堂密集如网，党中央迁回上海、充分利用上海的城市特点，党组织的活动场所基本上都在弄堂，以及离大马路有一定距离又能前后相通的地方。有一次，欧阳立安去淮海路上的一处秘密联络点送信，刚拐进弄堂口，就看到里面的秘密联络点窗台上有暗号，此处已经暴露了，他立即转身撤离，不料弄堂口已经有两个便衣警察，在距离他不到百米处堵住了去路。欧阳立安拔腿就跑，拐进了另一条弄堂，不料这条弄堂仅有 200 米长，前面还有一道高墙把另一边堵死了，这道墙太高他根本跳不过去，无奈只得折返迎着敌人跑去。突然，他看到路边有一户人家的门开着，而且一眼望去后窗似乎连着后面的一条弄堂，他马上一个箭步闪进这户人家，这户人家的主人都没反应过来，就见一道人影如"小火箭"似的穿过前堂、厨房和后间的屋子，再一脚踢破后窗的玻璃跳了出去。欧阳立安连续跑过四条弄堂，这才摆脱了敌人的追踪。

中共六大以后，党的群众工作策略有所转变，党的各级组织深入群众，深入基层，开展细致的群众工作，领导群众的日常斗争，进行宣传教育活动，注意纠正盲动错误，从组织暴动转变到争取群众、领导日常斗争的策略上来。① 在上海争取群众重在争取广大工人群众，因此职工运动是最主要的工作之一，在党的领导下，群众斗争重新兴起。欧阳立安在这些斗争中，都勇往直前，毫不畏怯，经受了严峻的考验。

1930 年 1 月，南洋兄弟烟草公司浦东分厂无故关闭，几千名

① 中共上海市委党史研究室：《中国共产党上海历史》第 1 卷（1921—1949），中共党史出版社 2022 年版，第 263 页。

工人失业，工人们公推了代表团 100 多人到社会局去请愿，没有结果。三四百名工人就在草坪上集会，欧阳立安带着弟弟欧阳应坚去参加，不料会场混进了敌人的暗探，一个女工正在台上讲话，一个暗探跳上台去把她推了下来，于是工人们把暗探撵走了。会后，兄弟俩坐摆渡船过江去看妹妹欧阳本纹。在祝三妹的家里，兄弟俩见了妹妹欧阳本纹，也意外地见到了久别的母亲。

之后，欧阳立安又相继参加了纪念二七全国工人争取自由运动周和"三八"示威纪念活动。

3 月 13 日，在"左"倾冒险错误影响下，中共中央发出《中央通告第七十一号——组织在"五一"劳动节的全国总示威运动》，要求"五一"节这天在上海、南京、武汉等重要城市与产业中心极力组织全国广大群众开展示威运动；3 月中旬，中共江苏省

1928 年的南洋兄弟烟草公司

委制定了上海"三八"示威走向"五一"总罢工的工作大纲；3月22日，又成立了领导"五一"总罢工的上海总行动委员会，制定了上海"五一"示威工作计划大纲，立即开始系列行动。①

4月3日，南京下关和记工厂赤色工会发动未领到上工牌的工人进厂做工，英国厂方与反动当局勾结，组织打手、军警镇压，英国军舰水兵也登岸殴打工人，工人们进行自卫，有几十人受伤，和记工厂中共支部书记徐文禄等5人被捕，是为四三惨案。4月8日，上海工人、学生等在宁波同乡会开会成立四三惨案后援会，有5人被捕，当会议转到北京大戏院召开后，又有1人被巡捕开枪打死，3人重伤，多人被捕。

4月8日这一天，欧阳立安的小妹欧阳双林不幸因病夭折，黄昏时分，杠行②把双林抬走掩埋，悲痛欲绝的陶承因为担心欧阳立安兄妹，顾不得陪着可怜的小女儿去墓地，连忙跑到祝三妹家看看孩子们回来没有，得知他们几个早晨一起走的，到现在还没回来，陶承又跑到欧阳立安住的阁楼上，遇到了同住的小李，得知自己的孩子们和祝三妹都安全，这才放下心来。

原来，参加这次游行示威的人很多，有几万人，会场原定在西藏路的宁波同乡会，九点钟时人还没有到齐，几个工人纠察队

---

① 中共上海市委党史研究室：《中国共产党上海历史》第1卷（1921—1949），中共党史出版社2022年版，第288、289页。

② 杠行：亦称杠房，旧时出租殡葬用具和为殡葬事宜提供人力、鼓乐等的店铺。

员就打开会馆的铁栅门，抱着许多宣传品冲了进去，但是租界巡捕房早有准备，群众还没来得及跟进去，巡捕房的警备车就开了过来，把冲进去的5个人抓住并没收了宣传品、驱散了群众，还封闭了会馆。示威群众又转到贵州路北京大戏院，那是预定的第二会场，因为沿路不断有巡捕截击，先到这里的才500多人，欧阳立安领着20多人从纸烟店旁门冲进大戏院，占领了会场。不料这个戏院的买办走狗趁人不备把门锁住，并吹响了警笛。欧阳立安他们被隔绝在戏院里面，外面的群众一边扭门锁，一边高呼口号、散发传单，敌人赶过来后又包围了外面的群众。这时，欧阳立安正和里面的人砸开大门往外冲，巡捕们挥舞着铜头手棒迎面就打，沪西区工人纠察队队长刘义清为从外面掩护他们冲了上去，打翻了一个巡捕，巡捕对他开了枪。当欧阳立安拖着妹妹欧阳本纹跑到对边的人行道上时，刘义清已经当场牺牲。

4月20日，上海工会联合会 ① 冒险在杨树浦松潘路附近场地

① 大革命失败后，上海总工会被查封。为争取公开活动，广泛联系群众，1929年6月中共江苏省委决定成立上海工会联合会（简称"市工联""工联"），以取代上海总工会。但市工联成立初期，上海总工会还存在。到1929年八一示威斗争后，上海总工会名义就不再出现了。1930年7月，随着党、团、工会合并的江苏省行动委员会的成立，市工联独立活动暂停。参见中共上海市委组织部、中共上海市委党史资料征集委员会、中共上海市委党史研究室、上海市档案馆编：《中国共产党上海市组织史资料》（1920.8—1987.10），上海人民出版社1991年版，第137—141页。

上海工人纠察队在沪东杨树浦路举行大检阅。这是上海工会联合会出版的特刊

上举行上海工人纠察队第一次大检阅，共 400 名纠察队员参加。①

转眼到了 5 月，工人的游行示威接连不断，敌人如临大敌，戒备更加森严。沪南、沪北各个要道都有军警出防驻守；北火车站一带不许结伴行路，被认为可疑的人马上扣留；公共租界、法租界和华界交界处都关上铁栅门，加派巡捕守护；三道头②骑着

---

① 中共上海市委党史研究室：《中国共产党上海历史》第 1 卷（1921—1949），中共党史出版社 2022 年版，第 289 页。

② 解放前上海租界的外国警察头目，制服臂章上有三条横的标记。

自行车往来巡逻；连大炮也架上了街头。4 月 27 日，在东新桥召开的上海"五一"纪念筹备会第二次代表大会，一次就有 104 人被逮捕。在纪念"五一"的行动之前，就有 400 余人被捕。[①]

"五一"这天，欧阳立安组织 500 余名童工，在华德路（今虹口区长阳路）明园跑狗场集合，会后准备游行示威。

他编了一首《劳动儿童团歌》教童工们唱：

> 冲、冲、冲，
> 我们是劳动儿童团。
> 不怕敌人的刀和枪，
> 不怕坐牢和牺牲，
> 杀开一条血路，
> 冲、冲、冲！[②]

他事先把一面红旗用报纸包好，交给妹妹欧阳本纹，让她再找根竹竿一起带到集合地点。临出发时，他又掏出一张大饼，嘱

[①] 中共上海市委党史研究室：《中国共产党上海历史》第 1 卷（1921—1949），中共党史出版社 2022 年版，第 290 页。

[②] 嘉陵辑录：《湖南革命烈士诗抄》，湖南人民出版社 1981 年版，第 94、95 页。这首歌系根据欧阳应坚回忆。

上海工会联合会为"五一"
劳动节告全上海纱厂工友书

（一九三〇年五月一日）

劳苦的全上海纱厂工友们：

伟大的"五一"国际劳动节到了！"五一"国际劳动节是全世界各国劳动阶级向资产阶级举行总罢工示威获得八小时工作的日子。这天，全上海以及全国全世界将同盟罢工举行示威来反抗帝国主义资本家压迫，纪念"五一"！

从康泰罢工，溥益罢工直到公共汽车罢工，显明的表现上海同盟罢工已经开始。全上海纱厂工人阶级只有在"五一"这天来举行纱厂总罢工参加南京路大示威，反抗帝国主义国民党屠杀！反抗资本家黄色工会压迫欺骗！要求八小时工作！纪念"五一"！同时，加紧纠察队组织与训练，准备第四次暴动！推翻反动统治，建立工农兵自己的政府——苏维埃政府！

我们的口号：

纱厂总罢工，参加南京路大示威！纪念"五一"！

实现同盟罢工！

反对帝国主义国民党屠杀工人！
要求八小时工作！
加工资，减工时，反对加重工作！
加入纠察队，准备第四次暴动！
打倒国民党，黄色工会，及一切改良主义！
驱逐帝国主义！
建立工农兵自己的政府——苏维埃政府！
拥护中华全国总工会！
拥护上海工会联合会！
拥护上海纱厂总工会！

1930 年 5 月 1 日，《上海工会联合会为"五一"劳动节告全上海纱厂工友书》

咐她遇到紧急情况就装吃大饼看热闹。行动当天，欧阳本纹刚刚把红旗展开，警笛就响了。巡捕冲入人群驱散了队伍，还抓走了来不及撤离的欧阳本纹和许多孩子，好在孩子们把欧阳立安掩护起来，所以他没有被敌人抓走。济难会得到消息，连夜往牢房里送东西、送糖果，安慰和鼓励这些孩子。牢房里饮食恶劣，孩子们又闹得凶，伙食就越坏越少，最后每人每天只给两小碗糠。

欧阳立安画传

位于华德路的明园跑狗场

1930年5月1日，上海工人、学生在南京路上举行飞行集会

5月30日，五卅5周年纪念日，南京路举行了飞行集会，群众队伍从新世界直奔外滩，沿外白渡桥冲向北四川路，沿途高呼口号，并在中华艺术大学门前召开群众大会，自动将学校启封，一路上遭到军警镇压，多人被捕。由上海总行动委员会发动的

参加示威游行的工人
和学生遭到逮捕

"五一"总示威运动最终成为泡影，革命力量遭到很大损失。

经过组织营救，欧阳本纹被关了40多天才被释放，因为在狱中得了伤寒，出狱的时候连路都走不动，陶承只得叫了一辆黄包车把她送进医院。

在加钢淬火中完成蜕变

OUYANG LI'AN

光荣入党

大革命失败后，在全党为挽救革命、寻找革命新道路而进行的艰苦斗争中，以毛泽东为主要代表的中国共产党人，经过开展武装斗争，创建、发展红军和农村革命根据地的实践，从而为复兴中国革命和争取中国革命的胜利指明了唯一正确的道路。中共六大以后，各地党组织抓住国民党新军阀混战的有利时机，发动农民开展游击战争，实行土地革命，建立革命政权，红军和根据地不断巩固和扩大。到1930年夏，全国已建立大小十几块农村革命根据地，红军发展到约7万人，连同地方革命武装共约10万人，分布在湖南、湖北、江西、福建、广东、广西、河南、安徽、江苏、浙江、四川等省的边界地区或远离中心城市的偏僻山区。[①]

共产国际认为，建立苏维埃中央政府，已经成为中国共产党议事日程上最主要的一项任务。[②]1930年2月3日，中共中央政治局专门讨论筹备全国苏维埃区域代表大会等问题，在周恩来的

---

① 中共中央党史研究室：《中国共产党历史》第1卷（1921—1949），中共党史出版社2011年版，第280页。
② 中共中央党史研究室：《中国共产党历史》第1卷（1921—1949），中共党史出版社2011年版，第326页。

提议下，成立了由中共中央、中华全国总工会、军委、农委、共青团及革命团体组成的全国苏维埃区域代表大会筹备委员会，为召开中华苏维埃第一次全国代表大会、成立中华苏维埃共和国临时中央政府展开准备工作。2月4日，中共中央发出关于召集全国苏维埃区域代表大会的第68号通告。2月7日，筹备委员会召开会议决定：1930年5月20日在上海秘密召开全国苏维埃区域代表大会，要求各苏区选出2—5名代表，红军每个军选派1名代表，游击区、革命团体、工农群众代表由各地酌选，做好出席会议的准备。2月15日，中共中央和中华全国总工会联合发表《为召集苏维埃区域代表大会宣言》，宣布由中国共产党和中华全国总工会联合发起召开全国苏维埃区域代表大会，并对该项工作进行了具体部署，同时，委派罗章龙为筹委会主任，林育南为筹委会秘书长，张文秋、彭砚耕为筹委会秘书，共同筹备这次会议。①

　　林育南与张文秋假扮夫妇，对外公开身份是归国南洋华侨，以每月60两白银的高价，租下了卡德路与爱文义路（今石门一路与北京西路）交叉口一栋红色砖木结构的俄式洋房，作为全国苏维埃区域代表大会的筹备处。洋房共三层，总面积达433平方

---

① 　王乐平：《中华全国苏维埃代表大会中央准备委员会的工作和历史贡献》，《党的文献》2010年第1期。

米，前有院墙和铁门护卫，内有树木遮掩，后有幽径可通，既气派又隐蔽。

1930年初夏，鉴于欧阳立安以往的出色表现，经何孟雄介绍，党组织特殊考虑，欧阳立安光荣地加入中国共产党。他是当时中共党员中少有的、17岁就入党的少年党员。

欧阳立安第一次去林育南所在的公馆送信时，林育南亲自接待了这个早已远近闻名的"小火箭"，让他在洋房里痛痛快快地玩了个够。林育南与何孟雄是老战友了，考虑到会议筹备期间联络工作比较多，欧阳立安年纪小又有经验，林育南就向何孟雄"借"用欧阳立安，专门从事此次会议的地下交通工作。

林育南（1898—1931）

欧阳立安在这里的身份是垃圾清理小工，每天推着一辆小垃圾车进进出出，把需要传送的文件和信件藏在烂菜桶底下，敌人一般不愿意翻腾这些"脏东西"，但有时也会遇到险情。有一次，欧阳立安刚刚把垃圾车推出门口，两个密探就堵住了他，让他把烂菜桶里面的东西倒在地上检查。垃圾里面藏着 10 多封有关会议的秘密信件，他只好弓着腰，双手插进又脏又臭的垃圾里假装翻腾起来，一边假意翻弄，一边嘲讽密探吃不起有钱人吃的西餐，成功引开了敌人的注意，敌人没有发现这些秘密信件，可把欧阳立安惊出了一身冷汗。

　　1930 年 5 月 20 日至 23 日，在上海卡尔登大戏院（今黄河路 21 号长江剧场）背后的一栋四层楼房，新开张了一所"私立医院"，全国苏维埃区域代表大会在此正式召开。为了保证安全，"医院院长"林育南特意通知中央特科专门驻守，还在一楼放置了大量汽油，后门停放了租借来的小汽车，一旦发生危险，就立即点燃汽油做掩护，方便与会人员迅速撤离。二楼"病房"间是宿舍，与会人员假扮病人入住。一楼"门诊"间是会场，当中放着一张工字形长桌，桌上铺着红布，上面摆放鲜花，长桌正前方的墙上，挂着马克思和列宁的画像。[①]

[①]　常思：《林育南"五变"与全国苏维埃第一次代表大会筹备》，《文史天地》2023 年第 7 期。

全国苏维埃区域代表
大会会址

全国苏维埃代表大会中央准备委员会
临时常委会（简称"苏准会"）机关旧
址（今愚园路 259 弄 15 号）

全国赤色工会和左联等革命团体、各地红军和苏维埃区域等代表 50 余人出席会议。李立三、项英等出席并代表中国共产党和中华全国总工会作报告。代表们讨论了建立中国苏维埃政府、红军的组织和苏区建设等问题，通过了《全国苏维埃区域代表大会宣言》《目前革命形势与苏维埃区域的政治任务》《土地暂行法》《劳动保护法》《苏维埃组织法》和《扩大红军及武装工农计划》等文件，确定了为建立全国苏维埃政权而斗争的任务和战略。大会主席团还作出决议，于 1930 年 11 月 7 日召开第一次全国苏维埃代表大会，成立中华苏维埃共和国政府。会议还决定成立全国苏维埃代表大会中央准备委员会，负责全国苏维埃代表大会的筹备工作。[1] 由于蒋介石多次发动对中央苏区的"围剿"等，全国苏维埃代表大会召开的日期一再后延。[2]

欧阳立安作为列席代表也参加了这次会议，而且是年龄最小的一位，同时担任会议的交通员，随时将有关的文件和材料送出去。会议期间，他认识了许多红军代表和各条战线的同志们，特别是认识了"左联"作家代表柔石、胡也频和冯铿。柔石特别敬

---

[1]　中共上海市委党史研究室：《1921—1933：中共中央在上海》，中央党史出版社 2006 年版，第 263 页。

[2]　中共上海市委党史研究室：《1921—1933：中共中央在上海》，中共党史出版社 2006 年版，第 266 页。

柔石（1902—1931）

佩欧阳立安小小年纪就参加革命，还入了党，总喜欢拉着他问这问那，还提出要欧阳立安当他的"革命导师"。为了保证安全，会议期间的纪律和保密措施极为严格，但是也有许多自由活动，特别是在晚上，这些来自各个地方和各条战线的代表们聚集在一起，畅谈革命，交流经验，相互学习，气氛非常活跃又充满革命的浪漫，这些都让欧阳立安感到无比兴奋。

会议结束后不久，"左联"的几位作家代表都写下了与此次会议有关的作品。冯铿撰写了《红的日子》和《小阿强》等，在她牺牲后刊发在"左联"机关刊物《前哨》创刊号上。柔石用笔名"刘志清"撰写的著名散文《一个伟大的印象》，发表在《世界文化》创刊号上。其中，在柔石的《一个伟大的印象》中，有专门对欧阳立安的描写：

　　在这次的代表会议里，有我们底十六岁的年轻的勇敢的少年列席。他有敦厚而稍近野蛮的强的脸，皮色红黑，两眼圆而有精彩，当发言的时候，常向旁或向上投视，一边表示他在思想着所发的言，一边正像他要用着他底两眼底锐利的火箭，射中革命底敌人的要塞似的。他底发言，是简朴的，稍带讷讷的，有时将口子撑得很圆，——他是湖南人——正似他底舌是变做了一只有火焰的球在滚着一样。他底身体非常结实而强壮，阔的肩，足以背负中国的革命底重任，两条粗而有力的腿，是支持得住由革命所酬报他底劳苦和光荣的。他是少年先锋队的队长，那想吞噬他的狼似的敌人，是有十数个死在他底瞄准里的。他受过两年的小学教育，可是会做情诗了。

　　　妹妹呀，你快来罢！
　　　我从春天望到夏，
　　　又从夏天望到秋，
　　　望到眼睛都花了！
　　他有一次将这四句诗念给我听，当时我对他说：
　　"你还是革命罢，不要做情诗。"

可是他笑着向我答：

"我是不会做情诗的，情诗是你们底队伍里的人做的。这四句诗也好像从一本什么诗集里读来的。你不知道么，在你们里面有做诗的革命的人？"

我稍稍微笑着摇头，同时我牵了他底两手，紧紧地握着，而且，假如当时的环境能够允许，我一定向他拥抱而高喊起来：

"亲爱的弟弟，我们期待着你做一个中国的列宁！"

关于这个勇敢的小同志，我们底主席向我们说着这样的话：

"假如他能够在上海受训练二年，一定能做一个非常好的CY①。不过我们不能留他住在上海，那边也需要像他这样的同志的。像他这样的少年，是到处都被需要的。"

有一次，他从我们底一位漂亮的同志底西装的外衣袋里，掏出一块紫绸的色光灿烂的小手帕来，他看得惊骇了。

"这做什么用的？"他问。

"没有什么用，装饰装饰。"我们底漂亮的同志答。

---

① CY：Communist Youth 的英文缩写，即共产主义青年团团员。

"可以给小妹妹罩在头上的呀!"他很快乐地说,同时将这稀薄的手帕网在脸上,窥望着各处。

"送给你罢,你带回去送爱人去罢。"我们底漂亮的同志笑嘻嘻地说。

"呀?"他底大的鼻子竟横开得非常阔了。这样,他就仔细地将它折好塞在他底小衫的衣袋里。①

出国历练

全国苏维埃区域代表大会后不久,沪中区委书记恽代英、沪东区委书记何孟雄、闸北区委书记黄理文一起与欧阳立安进行了谈话,准备选派他前往苏联,参加赤色职工国际第五次代表大会。②

1920年7月,由苏俄、意大利、西班牙、法国、保加利亚、南斯拉夫等国工会商定,在莫斯科建立了国际赤色工会联合会。1921年7月,由这个联合会发起,在莫斯科召开了第一次国际赤色工会代表大会,赤色职工国际正式成立。从1920年筹备建立,到1938年2月宣布自动解散,赤色职工国际共存在18年,开过五次代表大会,其主要领导人——执行局总书记始终是苏共党员

---

① 《柔石文集》,北京线装书局2009年版,第299—305页。
② 黄理文:《回忆欧阳立安的就义》,《人民日报》1949年12月6日。

赤色职工国际执委会所在的劳动大厦

洛佐夫斯基。①1921 年参加中共一大的共产国际代表除了马林外，还有一位尼克尔斯基，就是赤色职工国际的代表。1925 年 5 月初召开的中国第二次全国劳动大会决定，新成立的中华全国总工会加入赤色职工国际，并拥护它的一切政策。从 1922 年 11 月赤色

---

① 唐玉良：《赤色职工国际与中国工运相互关系的初步探讨》,《中国工运学院学报》1989 年第 3 期。

职工国际第二次代表大会时起，中国的工会代表参加了赤色职工国际的历次代表大会。

1930 年 6 月，准备出席赤色职工国际第五次代表大会的中国工会代表团，分两批从上海出发，经大连、哈尔滨、海参崴，在 7 月间到达莫斯科。

中国工会代表团以刘少奇为团长，成员包括黄平、杨尚昆、殷鉴等 24 人，欧阳立安是第一批随刘少奇到达莫斯科的。8 月 15 日至 27 日，赤色职工国际第五次代表大会在莫斯科正式召开，出席会议的有 60 个国家和地区的代表共 538 人。赤色职工国际负责人洛佐夫斯基在会上作报告，刘少奇作《中国职工运动》的发言，会议选举产生第五届赤色职工国际执行局，刘少奇当选为执行局委员。① 会议还通过了《中国革命职工运动的任务》决议案，并在《赤色职工国际拥护者在殖民地半殖民地的任务》决议案中，对中国工运问题作了专门的论述和规定。会议中，各国工人代表都要发言，中国代表团选派黄菊英② 发言，但是黄菊英的文化水平不高，刘少奇指定欧阳立安帮助黄菊英起草发言稿，他不仅出色地完成了任务，还鼓励黄菊英

---

① 金冲及主编：《刘少奇传》(1898—1969)，中央文献出版社 2014 年版，第 145 页。
② 上海闸北丝厂女工戴重远，化名黄菊英、小红。

在发言稿的基础上充分发挥，把中国工人阶级的斗争经验介绍出去。

会后，刘少奇作为执行局委员留在赤色职工国际工作，并指示欧阳立安留下来，作为正式代表，继续参加少共国际（青年共产国际）执委会扩大会议。

这次会议之后，青年共产国际在《青年共产国际执行委员会致中国共产主义青年团中央书》（1930年8月）中指出："少共国际执委会认为你们必须把一切注意力都集中到下列的中心问题去：保持正确的政治路线，反右倾与'左'倾，领导青工的经济与政治的斗争，夺取青年的主要阶层，加强团在重要工业中心中的地位，执行土地革命发展中之团的任务。在苏维埃区域中的任

1909 年的莫斯科

务：扩大红军，发展游击战争，在白军中的反军国主义工作。"①
在《青年共产国际执行委员会致中国团关于工会运动中的任务的
信》（1930 年 9 月）中指示："详细研究了中国团二中全会的经斗
决议，中央经斗委员会扩大会的通告以及苏、刘（苏兆征、刘少
奇）和出席赤色职工国际代表大会代表们的报告之后，我们要唤
起你们对于经斗工作中几个问题的注意……团的主要任务，是
合时的善于准备青年斗争以及吸引青年到工人阶级的总斗争中
去。"②此外，青年共产国际还就农民运动的发展、建立青工部与
青年全权代表团体的方式等问题专门向中国共青团发出了指示
信，在指导中国共青团开展各项具体工作和加强团的自身建设方
面，起到了积极的、重要的历史作用。

  但也应该看到，青年共产国际在共产国际"第三时期"的理
论指导下，对中国革命形势作出了错误估计，完全彻底地向中国
共青团贯彻了"第三时期"的理论及其"左"倾化的策略方针，
指示中国共青团"要向右倾危险作猛烈斗争"，产生了极为不良

---

① 共青团中央青运史研究室、中国社会科学院现代史研究室编：《青年共产国
  际与中国青年运动》，中国青年出版社 1985 年版，第 390 页。
② 共青团中央青运史研究室、中国社会科学院现代史研究室编：《青年共产国
  际与中国青年运动》，中国青年出版社 1985 年版，第 421、422 页。1929 年
  8 月中国共产主义青年团五届二中全会政治决议案第五章《我们的基本任
  务》："青工经济斗争工作——领导青工争取特殊利益，是团的基本任务。"

的影响。1930年9月5日，中国共青团中央局在《关于接受青年共产国际本年八月全体会议决议案的决定》中毫无保留地接受了青年共产国际的有关指示，提出："团目前最主要的危险是右倾危险，在目前革命激剧进展，日益迫近全国革命形势的时候，这个危险只有加重不会减少的。……这个右倾危险，可以使团在政治上堕落，必须用全力与它斗争，特别最近党内发生公开右倾路线的时候！"①

1927年11月7日，莫斯科红场的阅兵式

① 共青团中央青运史研究室、中国社会科学院现代史研究室编：《青年共产国际与中国青年运动》，中国青年出版社1985年版，第404页。

11 月 7 日，欧阳立安随中国工会代表团参加了苏联十月革命 13 周年纪念活动，还见到了斯大林。

根据会议安排，欧阳立安还随中国工会代表团的代表们一起参观了莫斯科、乌克兰等地的一些工厂和集体农庄，亲眼看到了苏联社会主义经济建设的成就，了解到苏联是工农当家做主，人人有工作，人人有地种，人人有书读，没有剥削压迫，更没有帝国主义的侵略欺辱。看到这些，对比自己的祖国，欧阳立安无比羡慕，他开阔了视野，进而更加对中国革命的前途充满信心，坚定了他的革命信念。他暗暗发誓："今天的苏联是列宁的布尔什维克党领导工农打出来的，我们中国共产党也要领导工农打倒帝国主义，打倒封建主义，打出一个新中国。"

在列宁格勒参观了一段时间后，中国工会代表团回到莫斯科，准备动身回国了。据戴重远回忆，她曾对欧阳立安说："我不想回去了，要留在这里学习。"她还把自己的想法对刘少奇讲了，刘少奇开导她："你是代表，是来开会的，回国以后还要传达这次会议的精神，发动工人起来斗争。"[1] 她的思想通了，愉快地和欧阳立安等代表们一起安全地回了国。

---

① 戴重远：《从上海到莫斯科——回忆在少奇同志身边的日子》，《华中师院学报》(哲学社会科学版) 1980 年第 2 期；俞辉：《领袖交往实录系列：刘少奇》，四川人民出版社 1992 年版，第 114 页。

这次长达半年多的出国经历,成为欧阳立安短暂的人生中,最难忘、最宝贵的时光,不仅增长了许多见识,政治上也更加成熟。12月,欧阳立安回国后,党组织任命他为共青团江苏省委委员、上海市工联青工部部长,同何孟雄一起住在沪东工人区。他成长为党的干部,担子加重了,工作和学习也更加刻苦,回国10多天后,才在何孟雄的催促下,抽身去看望母亲和弟弟妹妹。

波委云集

从1929年到1930年,国内国际政治形势发生了一些重要变化。经过大革命失败后两年多的艰苦奋斗,中国共产党逐步从极其严重的困境中摆脱出来,革命事业开始走向复兴。在农村,红军和根据地进一步巩固和扩大;在城市,党的组织和党的工作也有了一定程度的恢复和发展。在这种形势下,中共中央本应正确认识形势,抓住有利时机,推进革命事业的发展。然而,这时中共中央的一些领导人,看到形势发生一些有利于革命的变化,又受到共产国际"左"倾指导思想的影响,头脑开始发热,无视国内国际革命力量仍然相对弱小的基本状况,片面夸大形势对革命有利的一面,逐渐形成"左"倾冒险错误。一些比较系统的错误主张,主要是由时任中央政治局常委、中央宣传部部长的李立三提出的，因此，这次"左"倾错误，史称"立三路线"。①1930年6月11日，在上海召开中共中央政治局会议，通过李立三起草的《新的革命高潮与一省或几省首先胜利》的决议案，标志着"左"倾冒险错误在党的领导机关取得统治地位。在这个决议案中，李立三的"左"倾冒险错误进一步系统化。

　　李立三"左"倾冒险错误在形成和推行的过程中，曾受到党内一些做实际工作的干部的批评和抵制。欧阳立安的导师和入党介绍人何孟雄，是党的地方组织中最早抵制李立三"左"倾冒险错误思想的。他在1929年11月18日至26日召开的中共江苏省委第二次代表大会上就明确提出反对意见，认为中央和省委对革命高潮的估计是过分的，革命刚刚开始复兴，但还不是"成熟的复兴"。他反对进攻论，提出"准备进攻路线"，或者说是"防御进攻路线"的主张。1930年4月15日，他以笔名在中共中央机关报《红旗》发表"子敬来信"，进一步阐述自己的观点。他还全盘否定李立三冒险计划，提出进攻长沙是没有前途的，中国革命不可能掀起世界革命，举行总同盟政治罢工是不可能的，要求停止武汉、南京、镇江等地暴动企图。他在上海区委、产业委员会联席会议上，号召起来反对李立三"左"倾冒

---

① 中共中央党史研究室：《中国共产党历史》第1卷（1921—1949），中共党史出版社2011年版，第299、300页。

险错误，认为若再照此执行下去会葬送中国的革命，散乱中国的党。①

在从中央到地方的抵制反对和纠正下，加之共产国际也提出质疑并加以干预，1930年9月24日至28日，中共六届三中全会在上海麦特赫斯脱路（今泰兴路）的一幢小洋房举行。会议由瞿秋白主持，向忠发、周恩来、瞿秋白、项英分别作了关于中央政治局工作、传达共产国际决议、政治讨论结论、组织问题和职工问题等报告，李立三作了检讨发言。会议通过了《关于政治状况和党的总任务决议案》《对于中央政治局报告的决议》《组织问题决议案》《职工运动决议案》，发出了《中共三中全会告同志书》等文件。会议讨论并接受了共产国际1930年7、8月间有关中国问题的一系列决议，检查和总结了中共六届二中全会以来党的全部工作，纠正了对中国革命形势的"左"倾错误估计，批判和停止了组织全国总起义和集中全国红军进攻中心城市的冒险主义计划。会议补选了中央委员7人、候补委员8人，改选了中央政治局，李立三实际上离开了中央领导岗位。中共六届三中全会基本上结束了以李立三为代表的"左"倾冒险错误在党中央的

---

① 中共上海市委党史研究室：《中国共产党上海历史》第1卷（1921—1949），中共党史出版社2022年版，第296、297页。

中共六届三中全会后中共
中央发布的通告

统治。①

中共六届三中全会后，党内风波频起。中共中央于 10 月 12
日发出第 91 号通告。共产国际远东局也肯定，"党的路线始终是
与共产国际的路线一致的，从来不存在两条路线"，"只有偏离这
条正确路线的错误的倾向"。但仅仅过去一个月，共产国际的态
度却发生了变化。②10 月末，共产国际执委会就向中共中央发来

---

① 中共上海市委党史研究室：《中国共产党上海历史》第 1 卷（1921—1949），
中共党史出版社 2022 年版，第 300 页。
② 中共上海市委党史研究室：《1921—1933：中共中央在上海》，中共党史出
版社 2006 年版，第 223 页。

欧阳立安画传

《关于立三路线问题给中共中央的信》，史称"十月来信"，信中把李立三等的"左"倾冒险错误，说成是同共产国际路线根本对立的路线错误。"十月来信"不指名地批评主持中共六届三中全会的同志抹杀国际路线和"立三路线"的原则区别，犯了"调和主义"错误，实际上否定了中共六届三中全会的成绩，这样就使得已经开始的纠"左"势头无法继续下去，反而使党内出现了严重的混乱。①

以王明（陈绍禹）为代表的教条主义者，通过其他留苏归国同志的渠道，提前预知了共产国际向中共中央发出信件的消息及其内容，乘机打起"拥护国际路线""反对立三路线""反对调和主义"的旗号，串联并鼓动一部分党员反对中共六届三中全会及其后的中央，要求彻底改造党的领导机关。另有一个以中华全国总工会党团书记罗章龙为代表的宗派，也打着"拥护国际路线""肃清调和主义"的旗号，完全否定中共六届三中全会和中央的领导，要求立即召开紧急会议，根本改造政治局。此外，有些受过批评或打击的干部，如何孟雄、林育南等人，也要求召开一个类似八七会议那样的紧急会议，以解决"调和路线"问题。于是，中共中央政治局在 12 月 9 日作出决议，准备召开

① 中共中央党史研究室：《中国共产党历史》第 1 卷（1921—1949），中共党史出版社 2011 年版，第 307 页。

紧急会议通过新的政治决议案，以代替中共六届三中全会的决议案。①

12月12日至15日，共产国际执委会主席团在莫斯科召开扩大会议，讨论"立三路线"问题。这次会议把李立三"左"倾冒险错误说成实质上是右的错误，把中共六届三中全会说得一无是处。12月18日，共产国际执委会政治书记处政治委员会致电在上海的远东局，否定召开中央紧急会议的计划，要求中国共产党召开六届四中全会，以便通过这次会议改变中共中央的领导，贯彻共产国际的路线。②

王明在莫斯科中山大学学习期间，即深得校长米夫的器重，米夫于1930年7月被任命为共产国际执委会远东局负责人，并于10月抵达上海。12月中旬，米夫在上海批评中共六届三中全会，提出召开六届四中全会，他还赞扬王明在反对"立三路线"斗争中是正确的，执行了国际路线，并带来共产国际东方部批评三中全会的意见，③ 在米夫的压力下，12月23日中共中央政治局

---

① 中共中央党史研究室：《中国共产党历史》第1卷（1921—1949），中共党史出版社2011年版，第309页。
② 中共中央党史研究室：《中国共产党历史》第1卷（1921—1949），中共党史出版社2011年版，第309页。
③ 中共上海市委党史研究室：《中国共产党上海历史》第1卷（1921—1949），中共党史出版社2022年版，第303页。

召开会议，决定李立三退出政治局，并通过了第96号中央紧急通告，进一步承认中共六届三中全会有"调和主义"的错误，承认"三中全会的路线仍然成为立三路线的继续"。根据米夫的提议，决定在刘少奇回国前，由王明代理中共江南省委书记，后又任命王明为中共江南省委书记。中共江南省委是1930年10月初根据中共六届三中全会决定，由江苏省总行动委员会改建而成，上属中共中央，下辖江苏（含上海）、浙江、安徽地区党的组织，时任中共江南省委书记刘少奇尚在莫斯科担任赤色职工国际执行局委员。1931年1月中共六届四中全会后，中共江南省委撤销，恢复中共江苏省委。

王明利用中共江南省委的权力进行反对中央的活动，拉拢亲信，排斥异己，并把他写的《两条路线》的小册子印发给各级党组织。王明的所作所为引起党内干部的不满，何孟雄认为王明的纲领是在上海党组织内进行宗派分裂活动，破坏党的团结。王明就在12月底中共江南省委召开的扩大的区委书记联席会议上，以讨论中央第96号通告为名，打击何孟雄。会上还强行通过一个凌驾于中央之上反对党中央的决议，要求米夫更进一步干涉中共内部事务。王明通过抬高共产国际以令中共中央，无情打击有不同意见的同志，从而使米夫进一步干预中共党内的一切事务有所依据。①

　　1931 年 1 月 7 日，中共扩大的六届四中全会在上海公共租界内武定路修德坊 6 号（今武定路 930 弄 14 号）举行。会上不断发生激烈的争论，米夫多次使用不正常的组织手段控制会议的进程。最后，会议按照米夫以远东局名义同中共中央政治局事先议定的名单，补选了中央委员，改选了中央政治局，增补王明为中央政治局委员、中央政治局常委。会议没有开展新的政治路线、方针政策的讨论，除了领导人员的调整，也没有通过任何政治性的决议案，但是，王明《两条路线》的小册子实际上成为全会以后的政治纲领。②六届四中全会以后，得到米夫全力支持的王明实际上很快就操纵了中共中央的领导权，以王明为主要代表的"左"倾教条主义错误在中共中央开始占据统治地位。

　　王明进入中央政治局后，米夫和共产国际远东局提议王明担任中共中央候补常委，遭到中央各部门同志的抵制，王明仍担任中共江南省委书记。③中共江苏省委恢复后，王明主持召开区委

①　中共上海市委党史研究室：《中国共产党上海历史》第 1 卷（1921—1949），中共党史出版社 2022 年版，第 304 页。
②　中共上海市委党史研究室：《中国共产党上海历史》第 1 卷（1921—1949），中共党史出版社 2022 年版，第 305 页。
③　中共上海市委党史研究室：《中国共产党上海历史》第 1 卷（1921—1949），中共党史出版社 2022 年版，第 308 页。

中共六届四中全会旧址

书记联席会议，组织对何孟雄的围攻，污蔑何孟雄、郭妙根、彭泽湘等是"右派"。王明要求各区委紧急布置，把反对何孟雄的斗争从党内扩大到赤色群众组织和党的外围团体中去，规定凡是参加何孟雄等组织活动的党员，必须立即退出并进行检讨，违者一律开除出党；坚持不与何孟雄等划清界限的干部要清除出党。他还下令对那些一时不能与何孟雄割断关系的组织，要省委主动与之切断关系。原来的中共江苏省委、区委干部中有不少人抵制王明主持省委工作，王明就采取撤销工作、停发生活费、强迫迁移居处等手段，使这些干部陷于困境，然后分化、拉拢，拉拢不成再行打击。王明在中共扩大的六届四中全会后的一段时间里，对江苏省委和区委一级的干部进行处分的多达20人。①

中共扩大的六届四中全会明显破坏党的民主集中制，王明在党内开展无情的斗争又缺乏威信，导致党内出现反对四中全会的风潮。

罗章龙、王克全等人以召集紧急会议反对四中全会而斗争的名义，进行分裂活动，严重威胁党组织的安全。周恩来代表中共中央找罗章龙、王克全谈话，严厉批评他们分裂党的行为，要求他们立即停止反对党的活动，承认错误，回到党这边来。罗章龙、王克全对党的批评置若罔闻，继续坚持错误。1月27日中共中央政治局决定"开除罗章龙中央委员及党籍""开除王克全中央委员及政治局委员"。②

在这个风潮中，何孟雄、林育南、李求实等反对中共扩大的

---

① 中共上海市委党史研究室：《中国共产党上海历史》第 1 卷（1921—1949），中共党史出版社 2022 年版，第 309、310 页。
② 中共上海市委党史研究室：《中国共产党上海历史》第 1 卷（1921—1949），中共党史出版社 2022 年版，第 307 页。

六届四中全会，反对王明"左"倾教条主义领导，坚持党内斗争，反对罗章龙等的分裂活动。①

欧阳立安从苏联回国时，正处在中共扩大的六届四中全会召开前夕的特殊时期。他年纪比较轻，党内职务也不高，中央的争论与斗争他是没有资格参与的，组织上的事情他也不爱打听，但是何孟雄与他住在一起，有些会议他也在现场，面对何孟雄遭受的不公正对待也只能暗暗为他抱不平。对于他来说，何孟雄不仅是革命引路人、入党介绍人，还是他的直接上级，由于幼年丧父的经历，他们的感情在事实上亲如父子。欧阳立安参加革命工作的时间虽然不长，但与何孟雄、林育南、龙大道等人都比较熟悉，以他对这些叔叔伯伯们的了解，直觉告诉他，真理一定站在他们这一边。所以即使对党内争论的内容有些懵懂，心情极为痛苦压抑，但他在内心深处还是不由自主地站在了何孟雄等人一边。

---

① 中共上海市委党史研究室：《中国共产党上海历史》第 1 卷（1921—1949），中共党史出版社 2022 年版，第 307 页。

在生死抉择中书写传奇

OUYANG LI'AN

不幸被捕

1930年1月17日，上海的各级党组织为贯彻中共扩大的六届四中全会精神，分头秘密开会。共产国际远东局为阻止反对四中全会风潮中党的分裂，于上午召集中华全国总工会党团20多人在沪西一个花园别墅开会（罗章龙后来称其为"花园会议"），试图说服全总党团改弦易辙，支持四中全会，但是会上仍然是激烈对抗。中共江苏省委召开常委会，传达四中全会文件，会上有人拥护、有人反对。这些在上午召开的会议均未遭到破坏。

何孟雄、林育南等人准备于当日下午在汉口路东方旅社和天津路中山旅社秘密聚会，商讨抵制王明错误领导的对策。

当天中午，国民党上海市警察局从国民党市党部得到情报：17日、18日，共产党召开重要会议，地点：东方旅社31号房间，中山旅社6号房间……下午1时40分，敌人到公共租界的工部局请求协助，共同行动。帝国主义和国民党沆瀣一气，开始大搜捕。

敌人出动警车，迅速包围地处租界的东方旅社，直扑31号房间，逮捕了林育南、李云卿、苏铁、柔石、冯铿、殷夫、胡也频、彭砚耕8位同志，敌人立即把他们押上警车，撤销了包围，

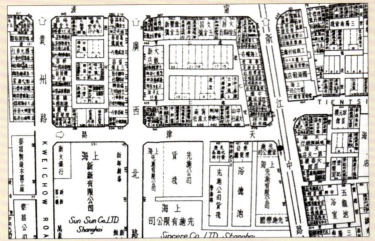

中山旅社方位图

东方旅社

欧阳立安画传

并留下特务蹲守。

敌人从东方旅社出来后，直奔中山旅社，在 6 号房间逮捕了阿刚（段楠）、蔡博真、伍仲文、欧阳立安 4 名同志，把人押走后，也撤销包围，派特务蹲守。

下午三四点钟，孙玉法和王青士在东方旅社一起被捕。

龙大道从杭州赶到上海，正在寻找中山旅社，刚好碰见黄理文从中山旅社出来，两人自四一二反革命政变之后一直未见面，喜出望外，两人在交谈时被逮捕。

傍晚，何孟雄来到中山旅社。他长期从事地下工作，富有经验，他先去敲 7 号房间的门，但是敌人早已得到详细情报，把他骗到 6 号房间内进行逮捕。

晚 11 时 30 分，敌人悄悄包围华德路鸿运坊 152 号，逮捕了房主汤士德和他的爱人王孙氏（化名），敌人在搜查物品时发现一封信，按信上的地址逮捕了费达夫和王小妹。

18 日凌晨 1 时，敌人彻夜搜捕，在昆明路逮捕了汤士德的哥哥汤士伦。

18 日一早，李求实从全国苏维埃代表大会中央准备委员会办事处（愚园路 259 弄 15 号）来到东方旅社，走进 31 号房间见里面仍然没有人，顿时警觉，马上抽身退了出来，可是已经走不出去了。

18 日下午，国民党上海市警察局又从国民党市党部得到可靠情报：华德路小学共产党正在开会。他们马上搜查了华德小学，没有发现开会的迹象，无可奈何，只得抓走了贺治平、王佩云夫妇和刘桂贞，逮捕了进来的王和鼎。然后封闭了校产。2 月 16 日因证据不足释放了王佩云和刘桂贞。

18 日晚 11 时，敌人在武昌路 650 号逮捕了陈铁如，他是共产党领导的外围组织中国革命互济会的干部。

至此，敌人已逮捕了 26 人。

19 日上午，在租界内被捕的欧阳立安与何孟雄、林育南、李求实、柔石、冯铿、殷夫、胡也频、李云卿、彭砚耕、王青士、孙玉法、阿刚、蔡博真、伍仲文、龙大道、黄理文，共计 17 名同志，从公共租界老闸捕房押到国民党江苏高等法院第二分院刑庭，法官按照老闸捕房送案单的顺序依次审讯，全然不顾律师的辩护，装模作样地走完流程后，就开始宣布早就拟定好的判决书，17 名同志就被移交给国民党上海市警察局。

这时，外面的搜捕仍在进行。19 日，敌人搜查了华通书店，逮捕了郑襄阁。20 日早晨，中共江苏省委宣传部秘书李初梨赶到沪东区委书记罗铁成家里，向他传达中共江苏省委精神，不知道机关已被破坏，进去后被包打听逮捕。敌人搜查了何孟雄的家，

公共租界老闸捕房

逮捕了他的妻子孙哈芳①、妻妹黄淑芝和他的两个孩子②，并抓走了前来联系工作的张诗人。1月21日，敌人又逮捕了从南京刚到上海的中共南京市委书记恽雨棠、李文夫妇。连同费达夫、王小妹、汤士德、王孙氏、汤士伦、陈铁如、贺治平、王和鼎，共计15人。连续5天的搜捕，加上欧阳立安等17人，共计32人一起

① 孙哈芳，常州人，23岁，三新纱厂女工，1930年九十月间与何孟雄结婚。（参见曹仲彬：《何孟雄传》，吉林大学出版社1990年版，第189页。）
② 1930年4月，缪仲英将何重九送回上海。（参见曹仲彬：《何孟雄传》，吉林大学出版社1990年版，第189页。）

押在国民党上海市警察局。在他们之前，拘留所里已有柯仲平等4人，是属于另一个案子的。敌人给每个人照了相。

1月23日上午，国民党上海市警察局戒备森严，如临大敌，门楼上架起两挺机关枪对着院内，敌人押着36名同志上了囚车，其中29名男同志、7名女同志，何孟雄的身边还有两个孩子，囚车从南市开进了龙华国民党淞沪警备司令部。中共中央政治局获悉何孟雄等同志被捕后，曾指示中央特科组织营救，特科准备在

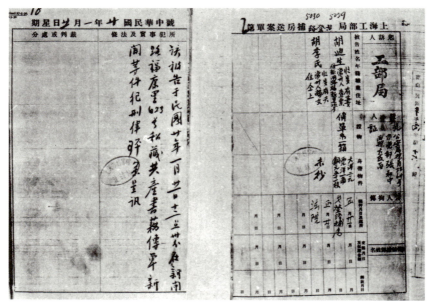

捕房送案单

　　　　　　　　　　　　　　　　　　　欧阳立安画传

押送途中的龙华与租界交界处劫车，但由于时间差错没有成功。

囚车进入警备司令部后，在院子里停了一个多小时，却不见动静。原来，南京的命令是立即全部枪毙，但是党领导的中国革命互济会买通了警备司令熊式辉的小老婆，他的小老婆说："总得审一审吧。"熊式辉就下令把 36 名同志连同两个孩子押进牢房。36 名同志被分成两组钉镣铐，直到傍晚才钉完。①

东方旅社事件是中共党史上一次重大事件，大革命失败后一次性有这么多党的领导干部被捕还是第一次。国民党反动派的意外收获却是党的惨痛损失和深刻教训。

从东方旅社和中山旅社这两处重点抓捕地点看，1 月 17 日在东方旅社被捕的主要人员中：林育南是苏准会秘书长，彭砚耕是苏准会秘书，左联 5 名同志都是准备参加第一次全国苏维埃代表大会的代表或苏准会工作人员。在中山旅社被捕的主要人员中：何孟雄是作为中共江苏省委的代表列席了中共扩大的六届四中全会，龙大道是上海市工联秘书长，阿刚是上海市工联组织部长，欧阳立安是上海市工联青工部长，黄理文是中共上海闸北区委书记，伍仲文是共青团上海闸北区委书记，蔡博真是中共上海沪中区委书记。可见 1 月 17 日下午，原计划到东方旅社开会的主要

① 以上内容节选自李海文、佘海宁：《东方旅社事件——记林育南、李求实、何孟雄等二十三烈士的被捕与殉难》，《社会科学战线》1980 年第 3 期。

是以林育南、李求实为代表的苏准会相关人员，到中山旅社开会的主要是以何孟雄为代表的中共江苏省委和上海地方党团组织成员。

龙华铁窗

国民党淞沪警备司令部位于上海龙华。在北洋政府时期原为上海镇守使署、淞沪护军使署（由上海镇守使和松江镇守使撤并）。孙传芳统治上海期间设立淞沪商埠督办公署，是当时上海地区最高行政机构。大革命时期，1927年3月，白崇禧率部占领龙华，在原淞沪商埠督办公署的旧址上组建上海警备司令部，杨虎被任命为司令，不久撤销。1927年7月，南京国民政府设立上海特别市，蒋介石任命黄郛为市长。

1927年9月，白崇禧奉命组建淞沪卫戍司令部，白崇禧任司令。1928年4月，淞沪卫戍司令部改称淞沪警备司令部，成为军警宪合一的警备治安机关，由国民党第32军军长钱大钧兼任司令。1928年9月15日，新任淞沪警备司令部司令熊式辉到部视事，24日补行宣誓就职典礼。淞沪警备司令部直属国民政府军政部管辖，下设总办公厅、参谋处、副官处、军法处、军需处、军医处、侦查队等部门，负淞沪地区警备之全责，其中的军法处和看守所就是关押、审判、屠杀共产党员和革命群众的所谓"政治

原国民党淞沪警备司令部大门

犯"的暴力机器。

　　淞沪警备司令部看守所又称龙华看守所、龙华监狱，坐落在司令部办公楼东侧偏南（今龙华路2591号），在司令部辖区内是相对独立的建筑，周围有高墙，高墙内又有内腰墙，立一铁门，把整个看守所划分为前后两院，两院间有铁栅大门相通。西部（前院）设有：营房（约驻1个排兵力），外门卫室、探望室，看守所厨房和犯人厨房等；东部（后院）设有：内门卫室、犯人就诊室，看守所办公室和看守所所长室及男女牢房。男牢房呈

"川"字形并排 3 个弄，房顶是"人"字形，每弄中间是走道，左右各 5 间囚室，走道尽头设一便池。女牢房在男牢房左侧，有 3 间砖木结构平房，其中 2 间是囚室，1 间是女看守室。此外还有 1 间特别间，又称"优待"间。①

36 名同志被押进看守所后，7 名女同志与何孟雄的两个孩子何重九、何小英被关押在女牢房。欧阳立安等 29 名男同志除了

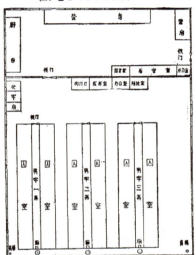

淞沪警备司令部看守所平面图 ②

① 徐家俊：《从上海镇守使署到淞沪警备司令部》，《都会遗踪》2020 年第 1 期。
② 吴春龙主编：《龙华镇志》，上海社会科学院出版社 1996 年版，第 104 页。

少数几个在男牢房的 1 弄、3 弄外，大部分集中在中间的 2 弄。其中，林育南在 1 弄 7 室、胡也频在 1 弄 10 室、龙大道在 2 弄 1 室、费达夫在 2 弄 5 室、恽雨棠在 2 弄 6 室、蔡博真在 2 弄 7 室、王青士在 2 弄 8 室、柔石和欧阳立安同在 2 弄 9 室、李求实和殷夫同在 2 弄 10 室、何孟雄在 3 弄最里面的一间囚室。①

对于敌人而言，最重要的不是对这些"政治犯"进行关押，而是有效审讯，促其认罪自首，从而得到更多共产党的机密，以

原国民党淞沪警备司令部看守所男牢

---

① 胡端：《喋血龙华——淞沪警备司令部对革命烈士的关押、审判与屠杀》，载观察者网，2021 年 6 月 12 日。

图破获与镇压。从机构职能上看，整个淞沪警备司令部系统中负责审讯要犯、看管监狱的就是军法处，主要通过开庭审判的方式进行。然而，军法处貌似公正开庭的审判方式很少用在共产党人身上。对于已经掌握身份的领袖人物，一般无需细审，会直接由南京方面下令执行死刑；对于没有暴露真实身份，但被怀疑是比较重要的案犯，由军法处处长亲自审判或由军法处所设的法庭进行审判，但最终的判决结果并不会事先告知，都是到了执行时才知道，根本没有上诉申辩的权利。

身陷这所人间魔窟之中，被捕的同志们，临危不惧，早已经将生死置之度外，利用一切手段继续学习、互通消息、相互鼓励，与敌人展开英勇的斗争。柔石抓紧时间向殷夫学习德文。胡也频准备写一部小说。何孟雄、林育南、李求实一起给党中央起草报告，申述自己的意见。何孟雄的囚室成为辩论的场所，大家热烈地讨论理论问题。林育南在囚室的墙壁上画了一面红旗，然后将自己的名字写在上面，以此表达誓死不屈的信念，引得大家纷纷效仿。

自从被关押进看守所后，10多天没有动静，直到2月初才开始提审，审讯室在看守所南面的楼房内，由军法处处长主审，南京还专门派人参加。

欧阳立安化名杨国华，在这些同志们当中年龄是最小的，但

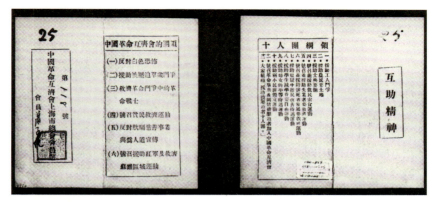

中国革命互济会上海市总会会员证

在被审讯时却表现出超脱实际年龄的英勇、壮烈、机智、沉毅。当得知自己被叛徒指认身份后，他慷慨激昂地说："我没有别的可说的，中国革命一定会成功的！国民党反动派一定就要灭亡的！我是一个共产党员，就算筋骨变成了灰，仍是百分之百的共产主义者！我为主义、为人民而死，死而无怨！"这一段话，连敌人的军法官和士兵无不感动得话都再也问不下去了。[1] 在审讯结束转身离开时，听见审讯的军法官连说："可惜！可惜！"他就知道自己必死无疑了，反而更加淡定从容，也绝不作万一侥幸之想。回到囚室，他坦然地对狱友说："我已作牺牲的准备。革命就要不怕死，怕死还干什么革命！只是自己为党工作的时间太

---

① 黄理文：《回忆欧阳立安的就义》，《人民日报》1949年12月6日，第6版。

短，贡献太小，还未能完成党交给的革命任务就身陷囹圄……"

2月3日、4日，中国革命互济会营救部的干部黄静汶①通过关系亲自送了一批衣被药品和钱进来，大家开会商量如何来支配。

欧阳立安主张将衣被药品分给其他狱友，钱就拿来买酒菜吃，他反对有些同志主张要买毛巾、牙刷、肥皂、牙粉等日用品，他说："我们中间多数是死定了的。今天死、明天死皆有可能，要衣服牙刷等物来干什么啊！还不如买些酒菜来吃个痛快，以便临刑时唱《国际歌》喊口号时有精神些！"胡也频当时的要求是拿钱去找一个理发匠来理一次发，他说："就义后给反动派拍起照来亦可威武一点。我就是做了鬼，对反动派也不会放过的！"

少年喋血

1931年2月7日晚，龙华上空大雪飘扬，天气格外寒冷。看守所例行收封。所谓收封，是监狱中的专用词，指到了晚上，看守会到各囚室清点人数，随后要求囚犯们按照规定按时就寝。但是这一晚的收封很不正常，看守长亲自带人点名，还用手电筒在

① 黄静汶，化名黄浩，1930年冬任互济总会营救部干事。新中国成立后曾任卫生部妇幼卫生司副司长。

每间囚室的床下照看，点完一间囚室便锁上一间。大家预感到要出事了，不再讲话，也不能再睡下去。

晚10时，看守所的大门忽然打开了，大批军警蜂拥而入，看守长拿着手电筒看着名单点名，指挥看守提人。包括欧阳立安一共有24名同志被押解出来，其中有3名女同志。狱友们都紧张地趴在窗口看，被叫出去的同志反而很坦然，提着脚镣相互鼓励着向前走，和狱中的其他同志点头告别。看守长在他们后面高喊："恭喜你们今晚解南京，就快开放了。"大家都明白，这是敌人骗人的鬼把戏，不为所动。

出了看守所大门不远，敌人在蒲汇塘上的小桥旁摆了一张茶几，放着照片，每过一个人就跟照片对一下。过了小桥，押送他们的军警突然高喊："停止前进！"24名同志排成两行，行刑队的士兵躲在屋子里，枪从窗口伸出来。

枪声突然就响了。据同案被捕幸存的黄理文回忆：他们离开看守所不到5分钟，就听到看守所外面传来一阵乱枪声，夹着悲壮激昂的《国际歌》歌声及"打倒国民党！""打倒蒋介石！""中国共产党万岁！""中国革命胜利万岁！"的口号声。

欧阳立安的个头小，站在第二排，第一阵枪声过去，没有子弹击中他，但随即而来的第二阵枪声中有两颗子弹击中了他。敌人一共用了80多颗子弹，最后一个倒下的是女同志伍仲文，她

原国民党淞沪警备司令部的刑场

一共被打了 13 枪才死，当打到第 10 枪时，她还在高呼中国共产党万岁！另一位女同志冯铿被打了九枪才死。有执行的士兵惧怕得手都软了，事后竟开小差不干了。

欧阳立安，一个如此年轻的生命，就这样定格在 17 岁。

第二天下午敌人才将他的脚链手铐开去，并将衣服剥掉后抛在预先掘好的一个土坑内（在龙华塔的旁边）。

同案被捕的李初梨、黄理文等人，或因叛徒对他们不熟悉无法指认，加上烈士们坚贞不屈始终没有暴露他们的真实身份，又

钉镣石

或者被认定为情节较轻，分别被判处有期徒刑，幸免于难。

烈士们牺牲后，中共龙华看守所党支部马上把烈士们牺牲的消息以及在狱中的表现传递出去。党内的《红旗报》和《海光报》发布了消息。

欧阳立安的母亲陶承，是从同事廖似光处听说自己的大儿子被捕的。这是一位坚强的母亲，也是一位坚定的共产党员，虽然担惊受怕，但也早有思想准备，只问了一句："他们在狱中表现怎样？"当听到欧阳立安牺牲的消息，她顽强地克制自己，不露出悲痛的痕迹，也没有把哥哥牺牲的消息告诉他的弟弟妹妹们。

1931年4月25日，左联在《前哨·文学导报》第1卷第1期发表宣言，对这次屠杀进行了揭露，并呼吁国际革命团体声援。鲁迅先生撰写文章《中国无产阶级革命文学和前驱的血》纪念左联的五位烈士，他以沉痛的心情写下了悼念诗：

> 惯于长夜过春时，挈妇将雏鬓有丝。
> 梦里依稀慈母泪，城头变幻大王旗。
> 忍看朋辈成新鬼，怒向刀丛觅小诗。
> 吟罢低眉无写处，月光如水照缁衣。

被囚在龙华监狱中的革命者，为纪念牺牲的英雄，在狱中墙上留下了一首诗：

> 龙华千古仰高风，壮士身亡志未穷。
> 墙外桃花墙里血，一般鲜艳一般红。

由于龙华二十四烈士的被捕和牺牲的情况复杂，中共中央政治局内的看法有分歧。周恩来经过一个多月的调查了解，判明这些烈士是"为党"而不是"反党"，突破王明的所谓"右派""反党"的错误论断，在 3 月 12 日的《群众日报》上发表《反对国民党残酷的白色恐怖》的社论，宣布何孟雄等同志都是无产阶级的先锋战士，他们的牺牲"是革命中巨大的损失"。①

1945 年 4 月 20 日，中共六届七中全会上通过的《关于若干历史问题的决议》，专门提到了这些烈士们，并对他们作出了公正的评价："至于林育南、李求实、何孟雄等二十几个党的重要

欧阳立安《革命烈士证明书》

---

① 中共上海市委党史研究室：《中国共产党上海历史》第 1 卷（1921—1949），中共党史出版社 2022 年版，第 308 页。

干部，他们为党和人民做过很多有益的工作，同群众有很好的联系，并且接着不久就被敌人逮捕，在敌人面前坚强不屈，慷慨就义……所有这些同志的无产阶级英雄气概，乃是永远值得我们纪念的。"

1949年11月1日，欧阳立安的母亲陶承在《人民日报》上发表了一篇文章《回忆儿子的牺牲》，里面有一首她为悼念儿子和他的战友们而写的诗：

烈士牺牲二十秋，永垂不朽精神留。

英雄姓名二十三，忠肝义胆耀人寰。

我儿英勇最年少，才离母怀便战斗。

聪明似父气如虹，誓忠阶级不惜身。

匪帮不敢见天日，半夜囚车出囚室。

枪声歌声震龙华，热血滋养自由花。

血凝滴滴雪花碧，骨列根根如剑戟。

墓园他日来凭吊，我心痛亦我心喜。①

与欧阳立安同案被捕而幸免于难的黄理文看到这篇文章时，

---

① 陶承：《回忆儿子的牺牲》，《人民日报》1949年11月1日。

脑海中立刻浮现出年轻、英勇的欧阳立安的形象。他情不自禁地写下了《回忆欧阳立安的就义》一文，发表在 1949 年 12 月 6 日的《人民日报》上，不仅为告慰烈士的母亲陶承，也是向人民宣扬烈士的英勇事迹。

中央人民政府内务部于 1950 年 4 月向上海市政府发出了一封部令函，敦促寻找包括欧阳立安在内的龙华烈士，函中称：1931 年，欧阳立安等烈士于上海东方旅馆等处被捕，后被国民党淞沪警备司令部杀害，遗体即被埋葬在警备司令部内广场上的方塔旁。这些烈士都是中国无产阶级最优秀的战士，为追念革命烈士，希望上海市政府派员调查先烈坟址，如有坍塌毁坏之处，即予以修补，妥为保护为要。并将处理结果详报内务部。

1949 年 12 月 6 日，《人民日报》刊载黄理文的文章《回忆欧阳立安的就义》

时任上海市市长陈毅和两位副市长潘汉年、盛丕华传阅后，当即令上海市民政局着手调查此事。后来在龙华原淞沪警备司令部刑场挖出了18具完整的遗骸和数具头骨，并脚镣、手铐和一件已腐烂一半的绒线红背心。上海市政府于5月4日将有关情况汇报给了内务部，同时指示将烈士遗骸移葬大场公墓，合葬在一起，并立"林育南等二十三烈士之墓"一碑（后经证实为二十四烈士）。

陶承很快得到了这一消息，她以烈士家属的身份写信给陈毅，叙述了自己所了解的关于龙华烈士们的情况，并说："我总觉得我的大儿子立安的牺牲是最英勇、最光荣，二十年来我在革命的工作中，从没有一刻忘怀过。"同时她也没有忘记和她的儿子一起就义的龙华烈士们："我儿能和这些同志英勇地牺牲在一起，也是我儿的光荣！"知道了亲人的下落，她在悲痛之中又得到了一些安慰。她希望上海市政府能为这些牺牲在反动派屠刀下的烈士们建一座陵园和纪念碑，使人民能够永远凭吊瞻仰，同时作为揭露反动派滔天罪恶的永远的标志。

1950年，陈毅嘱咐上海市政府给陶承回信，告诉她欧阳立安等烈士已移葬，同时赞扬说："欧阳立安等同志英勇顽强的斗争精神及为中国人民解放事业而壮烈牺牲的事迹，永远铭刻在上海及全国人民心中。由于烈士们的热血，换来了今天全民族解放的辉煌胜利，奠定了人民革命政权的牢固基础，烈士们的精神将永垂不朽！"并请她协助搜集有关烈士的资料。

1956年，在谢觉哉等人鼓励下，陶承开始根据自己家庭的经历撰写回忆录。1959年，由陶承口述，何家栋、赵洁执笔的革命回忆录《我的一家》由工人出版社出版，徐特立、谢觉哉为之作序，出版后发行600万册，风靡全国。2021年，工人出版社将这本书列入"红色经典系列"之一再版，成为爱国主义教育读本。

1961年，以欧阳立安一家的革命故事为题材改编的红色经典影片《革命家庭》上映。该片由北京电影制片厂出品，水华导演，夏衍编剧，讲述了大革命失败后一个共产党员家庭在党组织领导下同敌人展开地下斗争的故事，引起了巨大的社会反响，不仅成为大家街谈巷议的话题，更是被当作社会各界进行革命传统教育的教材。北京大学仅一天之内就连续放映6场，据不完全统计，仅北京一地，1961年1月2日至2月23日，影片共放映971场，观众约71万人。其中孙道临饰演的江梅清的原型就是欧阳梅生，于蓝饰演的周莲的原型就是陶承，张亮饰演的张立群的原型就是欧阳立安。

2021年6月28日起，为庆祝中国共产党成立100周年，由上海广播电视台纪录片中心制作的大型理论文献纪录片《诞生地》在东方卫视开播。其中第五集《不能忘却的纪念》中，欧阳立安的外甥女刘庆元（欧阳本纹之女）专程从武汉来到上海。她站在龙华烈士陵园英烈坑前，与90年前牺牲的大舅欧阳立安的一番隔空叙述，成为全片最感人至深的一个片段：

大舅，你在这里献出了自己的生命，从那时候到现在已经整整九十年了。今年，我代表我们家人来看你来了，代表我们所有家人来看你来了。外婆她也想来看你，但是她是不忍心来看，你牺牲的时候那么年轻……

2021年9月25日，由中国作家协会副主席何建明撰写的《不能忘却的少年——欧阳立安的故事》在上海图书馆举行首发式，这是何建明创作的第一部纪实儿童文学作品，在极其稀少的相关资料中，努力分辨着欧阳立安依稀的身影。

2023年9月30日，是国家第十个烈士纪念日。9月27日至29日，由中国福利会儿童艺术剧院原创的儿童剧《雪夜前行》首次与观众见面。首轮6场分别在上海新普陀小学东校、宋庆龄学校、爱菊小学、实验小学和中福会小伙伴学校演出，观众人数超过2000人次，观众深受感动。国庆节后，《雪夜前行》还以校园版的形式，走进上海30多所中小学。

欧阳立安把青春的热血献给了革命，人们永远不会忘记他！

欧阳立安大事年表

1913 年

3 月 29 日　生于湖南长沙。

1920 年

随父母迁居湖南湘阴汨罗。

1921 年

进入父亲执教的龙家私塾读书。

1923 年

随母亲回到长沙，进入湘春街城区第十二小学继续读书。

1925 年

升入长沙修业学校高小。

10 月 26 日　在长沙参加悼念黄静源烈士群众运动。

1926 年

7 月 16 日　在长沙参加欢迎国民革命军北伐大会，并作为学生代表上台发言。

年底　参与组织长沙修业学校学生纠察队，并被推选为第一队队长。

1927 年

1 月　随父母迁居长沙市东茅街，湖南全省总工会旁边的一个公馆。

春　离家前往湘潭参加国民革命军，后被母亲寻回。

5 月 21 日　长沙马日事变，父亲连夜转移。

5 月 22 日　随母亲从东茅街逃往长沙北城贫民区铁佛寺东街，与弟弟欧阳应坚在湘江金家码头做小生意养家。

秋　妹妹欧阳本双病故。

冬　随母亲前往武汉寻找父亲。

1928 年

1 月　中共湖北省委改组汉阳县委，父亲欧阳梅生任中共汉阳县委委员、组织部长，随父母迁居龟山脚下泗湾村。

1 月　任中共汉阳县委交通员，正式参加革命工作。

2 月 13 日　父亲欧阳梅生病故。

二三月间　按照中共汉阳县委书记张浩的安排，进入一家石印公司做徒工，继续任中共汉阳县委交通员。

冬　母亲带着弟弟妹妹先一步前往上海寻找党组织。

1929 年

春　带着弟弟欧阳应坚前往上海寻找母亲，并进入上海申新五厂做工。

夏秋间 何孟雄将女儿何小英寄养在欧阳立安家中，与何孟雄相识。

夏秋间 随何孟雄前往中共沪中区委，任区委交通员。

冬 经何孟雄介绍，加入中国共产主义青年团。

冬 随何孟雄前往中共沪东区委，任共青团沪东区委委员。

1930 年

1 月 参加南阳兄弟烟草公司失业工人请愿集会。

2 月 参加纪念二七全国工人争取自由运动周活动。

3 月 8 日 参加"三八"示威纪念活动。

4 月 8 日 参加上海四三惨案后援会游行示威活动。

4 月 8 日 妹妹欧阳双林病故。

5 月 1 日 组织童工参加纪念"五一"游行示威活动，妹妹欧阳本纹被捕入狱。

春夏间 在林育南领导下，从事全国苏维埃区域代表大会筹备处的地下交通工作。

5 月 20 日至 23 日 作为列席代表参加全国苏维埃区域代表大会，并担任会议的交通员。

初夏 经何孟雄介绍，加入中国共产党。

6 月 妹妹欧阳本纹释放出狱。

6 月 随中国代表团从上海出发，前往莫斯科。

8月15日至27日 作为正式代表参加赤色职工国际第五次代表大会。

八九月间 作为正式代表参加少共国际执委会扩大会议。

11月7日 随中国代表团参加苏联十月革命13周年纪念活动。

12月 随中国代表团回国,任共青团江苏省委委员、上海市工联青工部部长。

1931年

1月17日 在中山旅社6号房间被捕。

1月19日 被押送至国民党江苏高等法院第二分院审判,审判后移交至国民党南市警察局。

1月23日 被押送至国民党淞沪警备司令部。

2月初 开始经受国民党淞沪警备司令部军法处审讯。

2月7日夜 牺牲于上海龙华。

参考文献

中共中央党史研究室:《中国共产党历史》第 1 卷（1921—1949），中共党史出版社 2011 年版。

共青团中央青运史研究室、中国社会科学院现代史研究室编:《青年共产国际与中国青年运动》，中国青年出版社 1985 年版。

中华全国总工会中国职工运动史研究室编:《中国工运史料》（1980 年第 2 期），工人出版社 1980 年版。

中华全国总工会中国职工运动史研究室编:《中国工会历史文献》第 1 集（1921.7—1927.7），工人出版社 1958 年版。

中共上海市委党史研究室:《中国共产党上海历史》第 1 卷（1921—1949），中共党史出版社 2022 年版。

中共上海市委党史研究室:《1921—1933：中共中央在上海》，中共党史出版社 2006 年版。

中共上海市委党史资研究室主编，肖辅玢、许光顺编著:《中国济难会革命互济会在上海》，知识出版社 1992 年版。

中共上海市委组织部、中共上海市委党史资料征集委员会、中共上海市委党史研究室、上海市档案馆编:《中国共产党上海市组织史资料》(1920.8—1987.10),上海人民出版社 1991 年版。

中共湖南省委党史委编:《湖南人民革命史》(新民主主义革命时期),湖南出版社 1991 年版。

湖南省志编纂委员会编:《湖南省志 第一卷 湖南近百年大事记述》(修订本),湖南人民出版社 1962 年版。

《湖南工人运动史》编写组编著:《湖南工人运动史》(民主主义革命时期),中国工人出版社 1994 年版。

《湖湘红色基因文库》编纂出版委员会、中共湖南省委党史研究院编著:《中国共产党长沙历史》第 1 卷(1920—1949),湖南人民出版社 2021 年版。

长沙市革命纪念地办公室、安源路矿工人运动纪念馆合编:《安源路矿工人运动史料》,湖南人民出版社 1980 年版。

中共武汉市委党史研究室:《中国共产党武汉历史》(1919—1949),中共党史出版社 2011 年版。

中共武汉市委党史研究室编著:《中共中央在武汉》(1927.4—1927.10),中共党史出版社 2023 年版。

中共武汉市委党史研究室主编:《百年荣光 初心永恒——中共武汉历史大事记》(1921—2021),武汉出版社 2021 年版。

中共汉阳县委组织部、中共汉阳县委党史办公室、汉阳县档案局（馆）:《中国共产党湖北省汉阳县组织史资料》(1926—1987),武汉出版社 1991 年版。

程玉海、田保国、林建华、张维克:《青年共产国际史》,中国人民大学出版社 1992 年版。

翟学超、贺志民、段纪明等编辑:《湖北革命历史文件汇集（湖北暴动问题）》(1927 年—1928 年),中央档案馆、湖北省档案馆 1984 年版。

郑湘垓、刘武、雷正先等编辑:《湖北革命历史文件汇集（县委文件）》(1927 年—1932 年),中央档案馆、湖北省档案馆 1985 年版。

中共党史人物研究会编:《中共党史人物传》第 28 卷,陕西人民出版社 1986 年版。

吴正裕、蒋建农编写:《毛泽东》,新华出版社 1991 年版。

中共中央文献研究室编:《刘少奇传》(1898—1969),中央文献出版社 2008 年版。

中共双峰县委员会编:《蔡和森传》,湖南人民出版社 1980 年版。

曹仲彬:《何孟雄传》,吉林大学出版社 1990 年版。

王杏芬:《第一位女共产党员 缪伯英》,湖南人民出版社 2019 年版。

中共锦屏县委党史办组编、陆景川编写：《龙大道传》，贵州人民出版社 1990 年版。

刘建强编著：《谭延闿年谱长编》，上海交通大学出版社 2021 年版。

鲁岚编著：《陈渠珍》，湖南人民出版社 1989 年版。

杨玉如编：《辛亥革命先著记》，科学出版社 1958 年版。

粟勘时等编：《湖南反正追记》，湖南人民出版社 1981 年版。

《柔石文集》，北京线装书局 2009 年版。

中共中央宣传部宣传教育局：《重读先烈诗章》，中华书局 2016 年版。

萧三主编：《革命烈士诗抄》，中国青年出版社 2015 年版。

嘉陵辑录：《湖南革命烈士诗抄》，湖南人民出版社 1981 年版。

陶承口述，何家栋、赵洁执笔：《我的一家》，中国工人出版社 2021 年版。

蒋祖煊主编、钟铁球编著：《英勇最年少——欧阳立安》，湖南人民出版社 2019 年版。

何建明：《不能忘却的少年——欧阳立安的故事》，河北少年儿童出版社 2021 年版。

陶承：《"暴风雨中的海燕"——回忆何孟雄同志》，载《革

欧阳立安画传

命回忆录》（九），人民出版社 1983 年版。

陈磊：《龟山脚下的一家人》，载中共武汉市委党史研究室编著：《碧血丹心》，长江出版社 2023 年版。

王志亮：《上海的军事监狱——原国民党淞沪警备司令部军法处看守所》，载大连市近代史研究所、旅顺日俄监狱旧址博物馆编：《大连近代史研究》第 14 卷，辽宁人民出版社 2017 年版。

向顺利等编著：《陈渠珍在保靖》，中国文史出版社 2015 年版。

陶承：《缅怀龙大道》，《锦屏党史资料》1983 年第 3 期。

欧阳本纹：《我的父亲欧阳梅生》，《炎黄》1986 年第 4 期。

杨鑫洁：《革命老人陶承和她的家人》，《党史纵横》2011 年第 3 期。

张洪萍：《陈渠珍与湘西教育》，《怀化学院学报》2019 年第 4 期。

黄爱国：《安源九月惨案及其历史教训》，《萍乡高等专科学校学报》2014 年第 1 期。

黄爱国：《湘赣民众悼念安源工运领袖黄静源运动小记》，《党史文苑》2006 年第 5 期。

冯晓蔚：《黄静源：安源工人运动的先驱》，《世纪风采》2018 年第 11 期。

唐玉良：《赤色职工国际与中国工运相互关系的初步探讨》，《中国工运学院学报》1989 年第 3 期。

万振凡、杨杰：《分歧与合力："第一次全国苏维埃代表大会"筹议研究》，《党史研究与教学》2021 年第 3 期。

王乐平：《中华全国苏维埃代表大会中央准备委员会的工作和历史贡献》，《党的文献》2010 年第 1 期。

王美芝：《"一苏大"中央准备委员会》，《百年潮》2019 年第 11 期。

曹仲彬采访整理：《罗章龙谈被开除党籍的前前后后》，《百年潮》2009 年第 1 期。

张永：《六届四中全会与罗章龙另立中央》，《近代史研究》2017 年第 1 期。

曹仲彬：《对东方旅社事件若干史实的辨析》，《史学集刊》1983 年第 1 期。

李海文、佘海宁：《东方旅社事件——记林育南、李求实、何孟雄等二十三烈士的被捕与殉难》，《社会科学战线》1980 年第 3 期。

李海文：《东方旅社事件——记李求实等二十三位烈士的被捕和牺牲》，《鲁迅研究月刊》1997 年第 3 期。

徐家俊：《从上海镇守使署到淞沪警备司令部》，《都会遗踪》

2020 年第 1 期。

万佳敏:《谭延闿与辛亥革命》,湘潭大学硕士学位论文 2022 年。

高永昌:《1927—1937:青年共产国际与中国青年运动》,华中师范大学硕士学位论文 2006 年。

陶承:《回忆儿子的牺牲》,《人民日报》1949 年 11 月 1 日。

黄理文:《回忆欧阳立安的就义》,《人民日报》1949 年 12 月 6 日。

王春花:《焦达峰:25 岁的"十日都督"》,《湘声报》2011 年 10 月 10 日。

李群英:《承百载荣光 立报国宏志——百年修业学校的红色传承与时代担当》,《语言文字报》2020 年 8 月 28 日。

胡端:《喋血龙华——淞沪警备司令部对革命烈士的关押、审判与屠杀》,载观察者网,2021 年 6 月 12 日。

后　记

　　作为转岗后领受的第一项任务，刚刚拿到这个课题时真是五味杂陈，既有担心、焦虑，也有兴奋、期待，就像怀抱一个刚刚从母胎分娩的"婴儿"，随着这个"婴儿"在近半年的精心"哺育"下慢慢成长成型，这种心情却又转变为敬畏。

　　敬畏，是因为英雄的事迹感人至深。欧阳立安作为龙华二十四烈士中年纪最小的一位，最令人印象深刻的可能就是他的年轻，被捕牺牲时还不满18岁。因为最年轻所以最可惜，如果他没有牺牲，等到这样一位优秀的少年成长起来，前途不可限量，未来无限可能，可惜历史没有如果；因为最年轻所以最可痛，生在红旗下、长在春风里的我们，可能很难想象在那个年代，敌我之间殊死较量的残酷，往往生死一线；因为最年轻所以最可爱，一名少年共产党员，看似没有什么惊天动地的壮举，但他的每一次选择却又那样率真、纯粹而坚定。随着写作的推进和深入，一个个隐藏的细节被不断挖掘，一段段尘封的历史被徐徐展开，赫然惊觉，手捧的已然是一棵让人仰望的参天大树了。

　　敬畏，是因为党史的博大震撼人心。历史是最好的教科书，

　　　　　　　　　　　　　　　　　　　　　　　　　　欧阳立安画传

中国革命历史是最好的营养剂。2024年以前的我可能从来没有细细参悟过这句话的深刻意义。说来惭愧，年近不惑，半路出家，最缺的就是时间，所以写作的过程本身就是一个从零开始学习党史的过程，就是一个从新开始融入岗位的过程，就是一个从头开始转变角色的过程。由于完全没有任何基础，只能干中学、学中干，一边要熟悉党史基本著作，一边要查阅相关背景资料，一边要进入主要人物角色，一边要收集拍摄整理图片，倏忽之间，不觉半年，如人饮水，冷暖自知，有幸得窥党史的博大精深，感到越学越有味道，越学体会越深。学习固然是件"苦差事"，但一旦尝到回甘的"后味"，就让人欲罢不能了。

敬畏，是因为信仰的星火生生不息。忘却过去，就意味着背叛。我们今天通过学史、研史、写史、宣史来保存记忆、回顾过去，绝不仅仅是为了歌颂过去的伟大光荣与正确，而是要映照当下、启示未来。一批又一批、一代又一代的中国共产党人，在追求理想的道路上历经苦难、无惧牺牲、前仆后继，今天的和平环境和幸福生活来之不易，也非理所当然，需要前赴后继的事业依然在继续。祖国的未来在青年，民族的希望在青年，作为曾经的青年，我曾经最惧怕的不是疲劳和寒冷，而是在浓雾中看不到目标。谨以此书致敬青年，并借用诗人流沙河的诗句寄语青年：信念是石，敲出星星之火；信念是火，点燃熄灭的灯；信念是灯，照亮夜行的路；信念是路，引你走到黎明。

在这本书写作的过程中，我得到了方方面面的支持与帮助。感谢单位的领导和老师，提供的平台是成书的先决条件；感谢龙华烈士纪念馆，珍藏的资料是成书的重要基础；感谢中共武汉市委党史研究室、中共长沙市委党史研究室等党史部门的同行们，无私的帮助是成书的关键支撑；感谢长沙的钟铁球老师，前人的成果是成书的可靠依托；感谢各位专家评审，专业的意见是成书的科学指导。上海人民出版社的编辑为书稿的修改完善和编辑出版付出了大量的时间和辛勤的劳动，在此一并向他们表示诚挚的谢意。

开笔之作，囿于底蕴不足、水平有限，疏漏、遗憾之处自知不免，恳请各位专家学者和读者朋友批评指正。

作者

2024 年 8 月

图书在版编目(CIP)数据

欧阳立安画传 / 中共上海市委党史研究室，龙华烈
士纪念馆编；王砾著. -- 上海：上海人民出版社，
2025. -- ISBN 978-7-208-19341-3

Ⅰ. K827＝6

中国国家版本馆 CIP 数据核字第 2024XW8995 号

责任编辑　裴文祥
封面设计　周伟伟

欧阳立安画传

中共上海市委党史研究室
龙 华 烈 士 纪 念 馆 　编
王　砾　著

出　　版　上海人民出版社
　　　　　（201101　上海市闵行区号景路159弄C座）
发　　行　上海人民出版社发行中心
印　　刷　上海中华印刷有限公司
开　　本　720×1000　1/16
印　　张　12
字　　数　101,000
版　　次　2025 年 1 月第 1 版
印　　次　2025 年 1 月第 1 次印刷
ISBN 978 - 7 - 208 - 19341 - 3/K · 3455
定　　价　78.00 元